武汉科技大学马克思主义学院学科建设基金资助项目

百姓生活
经典民法案例
解析

危　薇／编著

華中師範大學出版社

新出图证(鄂)字 10 号

图书在版编目(CIP)数据

百姓生活经典民法案例解析/危薇编著. -- 武汉 ：华中师范大学出版社,2025. 3. -- ISBN 978-7-5769-0689-9

Ⅰ. D923. 05

中国国家版本馆 CIP 数据核字第 2024Q4R393 号

百姓生活经典民法案例解析

BAIXING SHENGHUO JINGDIAN MINFA ANLI JIEXI

©危　薇　编著

策划编辑：何军华	**责任编辑**：庞　丹
责任校对：骆　宏	**封面设计**：罗明波
编 辑 室：高等教育分社	**电　　话**：027-67867364
出版发行：华中师范大学出版社	
社　　址：湖北省武汉市珞喻路 152 号	**邮　　编**：430079
电　　话：027-67861549(发行部)	**传　　真**：027-67863291
网　　址：http://press. ccnu. edu. cn	**电子信箱**：press@mail. ccnu. edu. cn
印　　刷：武汉邮科印务有限公司	**督　　印**：刘　敏
字　　数：200 千字	
开　　本：710 mm×1000 mm　1/16	**印　　张**：12. 5
版　　次：2025 年 3 月第 1 版	**印　　次**：2025 年 3 月第 1 次印刷
定　　价：38. 00 元	

欢迎上网查询、购书

序　言

编纂一部真正属于中国人民的民法典，是新中国几代人的夙愿。党和国家曾于 1954 年、1962 年、1979 年和 2001 年先后四次启动民法制定工作。前两次因多种缘故未能取得实际成果。1979 年第三次启动，由于刚刚进入改革开放初期，制定一部完整民法典的条件尚不具备，故决定按照“成熟一个通过一个”的工作思路，确定先制定民事单行法律。2001 年，九届全国人大常委会组织起草了《中华人民共和国民法（草案)》，经讨论和研究，仍确定继续采取分别制定单行法的办法推进我国民事法律制度的建设。

经过多年努力，我国逐步形成了比较完备的民事法律规范体系，民法理论研究达到较高水平，民事司法实践积累了丰富经验，全社会民事法治观念也普遍增强，为编纂民法典奠定了较好的制度基础、理论基础、实践基础和社会基础。2014 年 10 月 23 日，党的十八届四中全会审议通过《中共中央关于全面推进依法治国若干重大问题的决定》，明确提出了“加强市场法律制度建设，编纂民法典”的目标。在以习近平同志为核心的党中央坚强领导下，从 2015 年 3 月正式启动到 2020 年 5 月最终通过，民法典编纂工作横跨了五个年头。2021 年 1 月 1 日，这部具有中国特色、体现时代精神、反映人民意愿、保障民事权利、维护社会公平正义的民法典正式施行。

法律的生命力在于实施。民法典的学习宣传贯彻是全面依法治国的基本要求，也是当下“十四五”普法工作规划的重要内容。三年多来，全国上下充分认识到民法典的重要作用，各部门、各领域、各社会团体纷纷掀起了学习民法典的热潮，民法典不仅走进企业、社区、校园，而且融入到各级党校课堂、大中小学生法治教育之中。在全社会范围内普及宣传民法典，有利于广大人民群众厘清权利与权利、权利与权力的边界，进而“把权力关进制度的笼子"，规范公权、保障私权；有利于提升国家治理体系和治理能力的现代化，推动社会共建共治共享，促进社会和谐有序；有利于改善营商环境、完善社会主义市场经济法律体系，充分调动民事主体的积极性和创造性，为人民群众追求美好生活提供坚实的制度保障。

民法典作为"社会生活的百科全书"，与每个人的生活息息相关，与当今社会的现实需求密切相联，其实施的成效关乎民生福祉的落地，经济社会高质量发展的实现；与此同时，民法典七编共 1260 条法条，结构之严谨缜密、内容之博大精深可见一斑，其实施的成效非一举而竟全功，而须一以贯之地弘扬法典精神、培养民法思维、传播民法知识。鉴于此，本书按照民法典七编的框架体系进行编排，每编分为典型案例和理论知识概述两个部分，尝试用以案说法的方式帮助广大人民群众真正理解民法典，即民法是以权利为中心建立起来的规范体系，从民事主体出发，由民事主体通过法律行为创设权利义务关系，并在自己的行为产生损害结果时承担法律责任。

总则编通过 AK47 仿真枪的买卖行为、未成年人打赏主播、第三人欺诈、瑕疵产品的买受人合法维权等代表性案例阐明民事法律行为、民事行为能力、意思表示等基础法律制度。物权编通过排除妨害物权、小区业主自治、老旧小区加装电梯、居住权确认等典型案例回应了当下的社会热点，如小区业主的权利保护、民法典新设的用益物权——居住权。合同编通过观看短视频抽奖提现、网红主播欺诈消费者、用人单位承担缔约过失责任、大学生被套路营销等改编自司法实践中的真实案例，向读者解析了生活中大量存在的格式条款、缔约过失责任的构成要件、反套路营销的维权武器。

为了全面保护人权、充分维护广大人民群众的人格尊严，我国民法典进行了制度创新，将人格权独立成编。本书人格权编通过保护雷锋同志的人格利益、侵犯袁隆平院士名誉和荣誉的民事公益诉讼、保护人脸信息、侵犯邻居隐私权等案例，展现了新时代中国民法注重人文情怀、彰显人文精神的价值理念，为个人信息保护提供强有力的法治保障。婚姻家庭编通过婚姻撤销权、一方隐匿夫妻共同财产、夫妻共同债务、结婚彩礼等案例，引导读者建立平等、和睦、合作、文明的婚姻家庭关系。继承编通过继承权平等案再次重申法律面前人人平等、继承权男女平等的立法宗旨；通过侄甥代位继承、打印遗嘱等案例，向读者呈现了我国继承制度的新规定，例如，适当扩大法定继承人的范围、增加了旁系血亲代位继承权，规定了打印遗嘱成为独立的遗嘱形式，公证遗嘱不再具有优先效力。

侵权责任独立成编是我国民法典的又一制度创新，其突破传统的债法限制，丰富和完善了侵权责任规范，全面落实了对权利的救济。本书侵权责任编通过设计与未成年人相关的系列案例，详细解析归责原则的含义及类型；通过好意施惠、高铁霸座、高空抛物、文体活动的参与者自愿担责、“驴友”自陷风险等新型案例，启发读者在当今的风险社会中有效平衡自我的行为自由与权益保护。

学法提高人的素质，用法提高全社会民众的素质。本书以丰富有趣、贴近生活的实事案例解码民法典。每当翻开本书、阅读对典型案例与民生热点的精准评析，读者既可以了解各编的基础法律知识和法律制度创新，又可以透析这些法律制度的司法运作过程；而且，编者给每个案例进行了生活化的命名，方便读者遇到法律困惑时能快速查阅目录、准确找到类似案例，在最短时间内获得较有成效的法律帮助。本书能够帮助读者学好民法典，引导读者用好民法典，从而发挥民法典的良法优势，使其在实践中转化为制度效能，切实保障广大人民群众的合法权益。

湖北意识形态建设研究院院长
武汉科技大学马克思主义学院书记　　唐忠义

2024 年 9 月

前　　言

《中华人民共和国民法典》（简称“民法典”）是新中国成立以来第一部以“法典”命名的法律，是新时代我国社会主义法治建设的重大成果。民法典在中国特色社会主义法律体系中具有重要地位，是一部固根本、稳预期、利长远的基础性法律，对深入推进全面依法治国、加快建设社会主义法治国家具有广泛而深远的意义。积极宣传和实施民法典，有利于完善中国特色社会主义市场经济体系，巩固社会主义基本经济制度；有利于坚持以人民为中心的发展理念，依法维护人民权益，促进我国人权事业的蓬勃发展；有利于推进我国国家治理体系和治理能力的现代化，从而确保在法治轨道上全面建成社会主义现代化强国。

民法典系统整合了新中国 70 多年来的法治实践中形成的民事法律规范，汲取了中华民族 5000 多年优秀传统法律文化的精髓，借鉴了人类法治文明建设的有益成果，是一部体现我国社会主义性质、符合人民利益和愿望、顺应时代发展要求的民法典；是一部体现对人格尊严、生命健康、财产安全、交易便利、生活幸福等各方面权利给予平等保护的民法典；是一部具有鲜明中国特色、实践特色、时代特色的民法典。

民法典是一部重要的生活“字典”。如何让这部“字典”在普通老百姓的日常生活中发挥作用？编者按照民法典的框架体系，精心选取、改编了一百三十一个鲜活的案例，包含近几年民众关注度颇高且与民生联系紧密的重点立法问题，如设立居住权、小区业主自治、英烈名誉权、网络侵权、高空抛物致人损害等。通过典型化的案例，结合民法典的相关法条和司法解释，深入浅出地进行层次化的分析，最终得出相应的法律结论，以此对我们生活中可能遇到的各种困惑和难题进行解惑和指导。

除了给一百三十一个案例以生活化的命名外，编者还合理地将它们分别安排在七编中。例如，总则编有两个与撤销权有关的案例，案例十一侧重网购商品存在质量问题时，权利人应该如何明确维权期限的起算点；案例十二侧重现实交易中因信息差导致吃亏的一方行使撤销权来填补损失。案例十二不仅涉及撤销权，还关联缔约过失责任，但编者以为该案例放在总则编比放在合同编更为妥帖，因为吃亏方享有撤销权是先决条件，而追究相对方的缔约过失责任是吃亏方行使撤销权，合同被撤销后的必然结果。

在每编案例的最后，编者还简要概述了每编的理论知识点，重点突出民法典的增补和修订部分，以期为读者呈现较为基础的民法理论框架，帮助读者理解民法案例中所蕴含的权利价值理念。

编者在分门别类的基础上给每个案例进行了生活化的命名。每当生活中遇到法律方面的困惑和问题时，读者可以翻开本书，通过查阅目录迅速找到类似案例。本书通过案情分析和解析法条，引导读者在最短时间内获得较有成效的法律帮助。读者翻阅、学习本书案例和重要知识点，将有助于自身逐渐养成自觉守法的意识，形成遇事找法的习惯，培养解决问题靠法的能力。

危　薇

2024 年 8 月

目　录

总 则 编

物 权 编

合同编

人格权编

婚姻家庭编

继　承　编

侵权责任编

总 则 编

总则编典型案例

案例一：微信群主踢群案

杜某科、杨某琥等一众钓友同在一个微信群。杜某科是群主，并在群内发布群公告，主要内容是：第一，群宗旨是交流与钓鱼有关的问题；第二，要求大家实名入群；第三，群内言论要发扬正能量；第四，群内不准发红包；第五，违者，一次警告，二次踢群。

在此微信群中，群成员之间一直在交流、讨论钓鱼事宜，并分享各自的经验。

2021 年 4 月 21 日，杨某琥先后多次在群内发布与钓鱼无关的视频及评论。杜某科提醒杨某琥注意言行，但杨某琥未予理睬，并与群成员何某可在群内发生争执。

经杜某科第二次提醒后，杨某琥仍继续发布与钓鱼无关的言论。当晚 11 点左右，杜某科行使了作为群主的权利，将杨某琥移出该群。

被踢出群的杨某琥诉至人民法院，称其在群内正常聊天发言时，被群主杜某科以莫须有的理由无端移出群聊，并拒绝他重新入群。杨某琥认为，杜某科的行为损害了自己的声誉，要求杜某科通过书面形式或者视频形式赔礼道歉，赔偿精神损害抚慰金 2 万元。

问题：人民法院支持杨某琥的诉讼请求吗?

分析：不支持，人民法院裁定驳回杨某琥的起诉。杜某科既不用赔礼道歉，也不用支付精神损害赔偿金。

民法典第二条规定，民法调整平等主体的自然人、法人和非法人组

织之间的人身关系和财产关系。

上述法条说明，民法典确实调整平等主体的自然人、法人和非法人组织之间的人身关系和财产关系；但并非平等主体之间所有的人身关系和财产关系都由民法来调整，有些社会关系应由道德、纪律等来调整。我们经常说网络不是法外之地，但不是每一个网络行为都要“过秤”，用司法天平称量。

本案中，微信群定位清晰，规则明确，无不当之处。群主杜某科使用互联网平台赋予群主的功能权限，将发言不当的杨某琥移出群组，是对“谁建群谁负责”“谁管理谁负责”自治规则的运用。

杨某琥提出的赔礼道歉、赔偿损失的主张，是基于其被杜某科移出群组行为而提起，但杜某科并未对杨某琥的名誉、荣誉等进行负面评价，不构成可以提起本案侵权民事诉讼的法定事由，不属于人民法院受理民事诉讼的范围。换句话说，只要群成员违反了群规，群主就可以将其踢出群，法律支持群主依法行使管理职责，保障群组自治规则的运行。

法律用有意的缄默，对群组自治给予了充分尊重。因此，人民法院不仅不支持杨某琥的诉讼请求，反而裁定驳回杨某琥的起诉。

案例二：国籍歧视案

2021 年 5 月 1 日傍晚，刘某鹏约几个客户到樱花咖啡厅洽谈事宜，进入大堂后，樱花咖啡厅的服务员用日文进行询问。当得知刘某鹏及其客户为中国人时，服务员告诉刘某鹏，“本咖啡厅不接待中国人，只接待日本人”，并以店堂告示为凭，拒绝刘某鹏及其客户入座。刘某鹏十分恼怒，质问其原因，后发生冲突，引起纠纷。

问题：樱花咖啡厅的拒客行为是否违反了平等原则？

分析：樱花咖啡厅的拒客行为违反了平等原则。

民法典第四条规定，民事主体在民事活动中的法律地位一律平等。

平等原则的具体含义包括：民事主体资格（民事权利能力）平等；民事主体的地位平等；民事主体平等地享有权利、承担义务；民事主体的民事权益平等地受法律保护。

本案中，樱花咖啡厅作为一经营主体，其所从事的民事活动应遵循平等原则。其以国籍为标准拒绝接待中国人、只接待日本人的行为构成了国籍歧视，违反了民法之平等原则。

在市场经济活动中，樱花咖啡厅既然开门营业，则每个消费者都有权利进门消费，这是主体资格平等的应有之义，也就是说，民事权利实现的可能性是平等的。刘某鹏及其客户是否消费、消费多少是民事主体的自由，这一自由无权被樱花咖啡厅的经营者剥夺或限制。

案例三：买卖 AK47 仿真枪的民事法律行为无效案

正在某大学读大四的洪某昌是仿真枪爱好者，某天他在论坛上遇到了志趣相投者黑某泽。两人讨论得十分投入，均有相见恨晚之感。后黑某泽主动亮明身份，自己是长达 20 年之久的资深枪迷，且还是仿真枪销售商，能以友情价将 AK47 仿真枪卖给洪某昌，洪某昌喜出望外，一口答应。两人遂约定线下交易，一手交钱一手交枪。

问题：洪某昌与黑某泽之间买卖 AK47 仿真枪的民事法律行为有效吗？

分析：该民事法律行为无效。

民法典第一百三十三条规定，民事法律行为是民事主体通过意思表示设立、变更、终止民事法律关系的行为。

本案中，洪某昌作为买方，具有意欲花钱买 AK47 仿真枪的意思表示；黑某泽作为卖方，具有意欲出售 AK47 仿真枪的意思表示。两人意思表示的内容指向相对，达成了合意，则两人之间的买卖法律行为成立。

而民事法律行为的成立属于事实判断，是民事法律行为有效的逻辑前提。也就是说，一项民事法律行为只有成立后，才能进行法律价值判断，即进一步衡量该民事法律行为是否有效。如果成立的民事法律行为欠缺有效要件，法律会评价为无效或可撤销，则从根本上无法实现当事人实施民事法律行为所希冀达成的社会、经济、生活等目的。

但民法典第一百四十三条规定，具备下列条件的民事法律行为有效：

（一）行为人具有相应的民事行为能力；

（二）意思表示真实；

（三）不违反法律、行政法规的强制性规定，不违背公序良俗。

本案中，洪某昌与黑某泽之间买卖 AK47 仿真枪的合同成立，两人均是完全民事行为能力人；洪某昌意欲花钱买 AK47 仿真枪的意思表示真实，黑某泽意欲出售 AK47 仿真枪的意思表示也真实。但该买卖合同无效，因为买卖标的物是仿真枪，属于我国法律明确规定禁止制造和销售的违禁品。其违反了民事法律行为有效要件之第三项，即违反了法律、行政法规的强制性规定。故从法律价值上应给予该买卖合同否定之评价。因此，洪某昌与黑某泽之间买卖 AK47 仿真枪的民事法律行为无效。

案例四：父母抵押未成年人子女房产案

2020 年，谈某忠与宋某梅离异时将一套房产登记在五岁儿子谈某舒名下，孩子的抚养权归母亲宋某梅。半年后，宋某梅将谈某舒名下的房产抵押借款，与其闺蜜唐某苗签订抵押借款合同，并办理了抵押登记。还款期限届至，宋某梅无力偿还债务，唐某苗向人民法院申请拍卖该房产。此时，谈某忠才知道事情原委，其以谈某舒法定监护人身份，向人民法院申请确认该抵押借款合同中的抵押条款无效，并要求注销该抵押登记。

问题：人民法院支持唐某苗的诉讼请求还是支持谈某忠的诉讼请求？

分析：人民法院支持谈某忠的诉讼请求，即确认该抵押借款合同中的抵押条款无效；唐某苗和宋某梅应协助办理抵押登记的注销手续。

民法典第三十五条规定，监护人应当按照最有利于被监护人的原则履行监护职责。监护人除为维护被监护人利益外，不得处分被监护人的财产。

未成年人的监护人履行监护职责，在作出与被监护人利益有关的决定时，应当根据被监护人的年龄和智力状况，尊重被监护人的真实意愿。

成年人的监护人履行监护职责，应当最大程度地尊重被监护人的真实意愿，保障并协助被监护人实施与其智力、精神健康状况相适应的民事法律行为。对被监护人有能力独立处理的事务，监护人不得干涉。

第三百一十一条规定，无处分权人将不动产或者动产转让给受让人的，所有权人有权追回；除法律另有规定外，符合下列情形的，受让人取得该不动产或者动产的所有权：

（一）受让人受让该不动产或者动产时是善意；

（二）以合理的价格转让；

（三）转让的不动产或者动产依照法律规定应当登记的已经登记，不需要登记的已经交付给受让人。

受让人依据前款规定取得不动产或者动产的所有权的，原所有权人有权向无处分权人请求损害赔偿。

当事人善意取得其他物权的，参照适用前两款规定。

本案中，首先，经查明宋某梅借款是为了资金周转，并未用于被监护人谈某舒的生活、教育、医疗等方面。其行为侵犯了谈某舒的合法权益，应认定为无效。最高人民法院在《中华人民共和国民法典婚姻家庭编继承编理解与适用》一书中明确：父母抵押其未成年子女名下房产的行为，原则上应认定为非为其未成年子女利益，属于无权代理，该代理行为无效。故该抵押借款合同中的抵押条款应被认定为无效。

其次，唐某苗作为宋某梅的闺蜜，明知该房产属于五岁的谈某舒所有，仍与宋某梅签订抵押贷款合同并办理抵押登记，由此可以认定唐某苗不是善意的第三人，不能适用抵押权的善意取得。故人民法院判令唐某苗和宋某梅应协助办理抵押登记的注销手续。

再次，抵押借款合同中的借款条款是唐某苗和宋某梅的真实意思表示，内容合法，且双方都是完全民事行为能力人，则该部分约定有效。宋某梅到期不能还款，唐某苗可通过诉讼或仲裁等方式实现自己的合法债权。

案例五：弃婴监护人案

2021 年 3 月 14 日，张某柔在某河市某烧烤店洗手间内产下一女婴（非婚生，暂无法确认生父），随后张某柔将女婴遗弃在露天垃圾箱内。不久女婴被群众发现并报案，某河市公安局民警将女婴送至医院抢救治疗。2021 年 3 月 21 日，女婴出院并被某河市儿童福利院抚养至今。张某柔因犯遗弃罪被判刑，而且张某柔明确表示不履行抚养义务，其近亲属也无抚养意愿。

问题：某河市儿童福利院能向人民法院申请撤销张某柔的监护人资格，并申请由该福利院作为女婴的监护人吗？

分析：某河市儿童福利院是适格的诉讼主体，且人民法院支持其诉讼请求。

民法典第三十六条规定，监护人有下列情形之一的，人民法院根据有关个人或者组织的申请，撤销其监护人资格，安排必要的临时监护措施，并按照最有利于被监护人的原则依法指定监护人：

（一）实施严重损害被监护人身心健康的行为；

（二）怠于履行监护职责，或者无法履行监护职责且拒绝将监护职责部分或者全部委托给他人，导致被监护人处于危困状态；

（三）实施严重侵害被监护人合法权益的其他行为。

本条规定的有关个人、组织包括：其他依法具有监护资格的人，居民委员会、村民委员会、学校、医疗机构、妇女联合会、残疾人联合会、未成年人保护组织、依法设立的老年人组织、民政部门等。

前款规定的个人和民政部门以外的组织未及时向人民法院申请撤销监护人资格的，民政部门应当向人民法院申请。

本案中，该女婴的生父无法被确认，生母张某柔的遗弃行为严重损害了被监护人的身心健康和合法权益，其监护人资格应当予以撤销；而张某柔的近亲属也无抚养意愿。此种情形符合上述法条第三款的规定，可以由民政部门以外的组织向人民法院申请撤销监护人资格。

某河市儿童福利院作为为该市孤儿和残疾儿童提供社会服务的机构，能够解决女婴的教育、医疗、心理疏导等一系列问题。从对未成年人特殊、优先保护原则和未成年人最大利益原则出发，由某河市儿童福利院作为该女婴的监护人，更有利于保护其生活、受教育、医疗保障等权利。故人民法院支持某河市儿童福利院的诉讼请求。

案例六：限量版芭比娃娃案

2022 年某周五的傍晚，周某雅小朋友（七周岁）一个人在家做作业。

后有人按门铃，得知是爸爸的好朋友王某明叔叔后，周某雅打开了大门。王某明叔叔带来了一套价值 5 万元人民币的限量版芭比娃娃。周某雅十分喜欢，欣然接受。

问题：周某雅接受王某明叔叔的赠与有效吗?

分析：周某雅的接受行为无效。

民法典第二十条规定，不满八周岁的未成年人为无民事行为能力人，由其法定代理人代理实施民事法律行为。

本案中，周某雅接受价值 5 万元的限量版芭比娃娃对其属于纯获利益，但即便如此，只要其未满八周岁，该获利行为也应由其法定代理人父母代为实施。周某雅不告知父母、私自接受赠与的行为实属无效。

案例七：未成年人打赏主播案

刘某禅生于 2005 年初，初中辍学。2021 年，父母将刘某禅带至身边帮助打理生意。2021 年 9 月 25 日至 2021 年 12 月 5 日，刘某禅使用父母用于生意资金流转的银行卡，多次向某科技公司账户转账用于打赏直播平台主播，打赏金额高达 100 万元人民币。刘某禅父母得知后，希望某科技公司能退还全部打赏金额，遭到该公司拒绝。刘某禅遂诉至人民法院，要求该公司返还 100 万元。

刘某禅认为，自己作为限制民事行为能力人，所实施的巨额打赏行为与其身份、年龄以及家庭经济状况不相适应，打赏行为应被认定为无效。某科技公司辩称，刘某禅初中辍学，并且已年满十六周岁。刘某禅自己独立生活，其按照父母要求开立银行卡并管理大额款项，应当视其为完全民事行为能力人，因此直播平台不应返还涉案的打赏金额。

问题：人民法院支持刘某禅的诉讼请求吗?

分析：人民法院支持刘某禅的诉讼请求，某科技公司应向其返还 100 万元。

民法典第十八条第二款规定，十六周岁以上的未成年人，以自己的劳动收入为主要生活来源的，视为完全民事行为能力人。

第十九条规定，八周岁以上的未成年人为限制民事行为能力人，实

施民事法律行为由其法定代理人代理或者经其法定代理人同意、追认；但是，可以独立实施纯获利益的民事法律行为或者与其年龄、智力相适应的民事法律行为。

最高人民法院出台的《关于依法妥善审理涉新冠肺炎疫情民事案件若干问题的指导意见（二）》中明确规定，关于合同案件的审理，限制民事行为能力人未经其监护人同意，参与网络付费游戏或者网络直播平台“打赏”等方式支出与其年龄、智力不相适应的款项，监护人请求网络服务提供者返还该款项的，人民法院应予支持。

本案中，刘某禅虽年满十六周岁、辍学，帮父母打理生意，但不符合以自己的劳动收入作为主要生活来源的情形，故法律不能将刘某禅视为完全民事行为能力人，而仍应认定其为限制民事行为能力人。

刘某禅在观看某平台的直播时，累计给主播打赏了100万元。该行为事后未得到其法定代理人父母的同意或追认，也不是纯获利益的民事法律行为，亦不是与刘某禅的年龄、智力相适应的民事法律行为，因此该打赏行为无效，某科技公司应当返还100万元的打赏金。

本案给我们的启示有以下几点：

第一，网络产品和服务提供者应主动承担相应的社会责任，与社会各界一道维护好未成年人的合法权益。网络科技公司应当避免向未成年人提供可能诱导其沉迷的内容；应当针对未成年人设置相应的时间管理、权限管理、消费管理等功能。

第二，父母必须承担应尽的监护责任，加强对孩子的教育和管理，帮助未成年人健康成长。法律将未成年人分为无民事行为能力人和限制民事行为能力人，不仅是为了根据年龄、智力发展状况对未成年人实施特殊保护，也是为了根据未成年人的发育阶段逐渐培养未成年人承担责任的意识。父母在未成年人成长过程中、逐渐实现社会化的进程中，有义务帮助未成年人培育责任意识和能力。

第三，全社会应对未成年人加强法治宣传和法治教育，整体提升未成年人的法律素养，帮助未成年人形成学法、知法、守法、用法的好习惯。

案例八：第三人欺诈案

胡某九一直在西安八仙庵古玩市场摆摊。王某三是倒卖商，经常在古玩市场上捡漏，故与胡某九逐渐相熟。某天，王某三正在看货，来了一位游客金某智。金某智对胡某九摊位上的玄武石雕十分感兴趣，正和胡某九讨价还价，王某三插嘴说："我之前买过他家的一个玄武，现在有人出价10万元，我都不卖呢。这家摊位上可都是真货。"金某智信以为真，遂支付2万元买下胡某九的一座玄武石雕。事后金某智请古玩行家鉴定，被告知是劣质仿品。

问题：金某智如何救济自己的权益？

分析：金某智可以请求人民法院或仲裁机构撤销其与胡某九的买卖合同。

民法典第一百四十九条规定，第三人实施欺诈行为，使一方在违背真实意思的情况下实施的民事法律行为，对方知道或者应当知道该欺诈行为的，受欺诈方有权请求人民法院或者仲裁机构予以撤销。

上述条款规定的是第三人欺诈的情形。第三人对一方当事人实施欺诈，另一方当事人知道或应当知道而默许的，视为其对相对人的欺诈，相对人有权行使撤销权。

本案中，王某三对金某智的所为属于典型的第三人欺诈，胡某九作为买卖合同的相对人明知而默许了王某三的行为，应视为胡某九对金某智的欺诈。故金某智可以请求人民法院或仲裁机构撤销其与胡某九的买卖合同。

案例九：名画价格虚报案

汪某国决定移民新加坡，为了尽快筹集资金，其决定出售名画《撑伞的小女孩》。经某艺术画廊中介介绍，蒋某台对该画产生浓厚兴趣，意欲购买收藏。经过多轮协商，汪某国表示愿意降价200万元，但蒋某台须一次性支付现金，并且，要在买卖合同中载明购画款为人民币3800万元，实际上蒋某台应支付的是人民币4800万元。蒋某台本着"互惠互利"的原则，与汪某国达成合意，一次性支付现金4800万元，而汪某国以3800万元申报缴税。

问题：汪某国和蒋某台的名画买卖合同有效吗？

分析：该名画买卖合同部分有效，在3800万元价款的范围内有效；

但恶意避税，危害国家利益的部分无效。

民法典第一百五十四条规定，行为人与相对人恶意串通，损害他人合法权益的民事法律行为无效。

第一百五十六条规定，民事法律行为部分无效，不影响其他部分效力的，其他部分仍然有效。

本案中，汪某国与蒋某台在3800万元的价款范围内意思表示真实，故该部分合同内容有效；但故意少写1000万元，目的是少缴纳税费，损害了国家利益。这部分应该写入合同价款但恶意少写的意思表示无效，汪某国仍应按照实际成交的4800万元价款补缴税费。

案例十：房源错误案

陈某军想购买一套别墅，某房屋中介向其介绍房源。现场看房后，陈某军对这套带有玻璃阳房的独栋别墅十分满意，两天后与房主李某岚、房屋中介签订了房屋买卖合同，约定以2000万元人民币成交，并当场支付了200万元的定金。

交完定金后的第二天，陈某军和设计师再次来到别墅时，发现购房合同中的房产地址和自己此前看中的别墅明显不一致，遂立即联系房屋中介和李某岚。经核查发现，中介公司带其看错了房源。随后，陈某军以其看错别墅，存在重大误解为由，要求退回定金，但遭到李某岚拒绝，陈某军起诉至人民法院，要求撤销合同、退回定金等。

问题：人民法院应支持陈某军的诉讼请求吗?

分析：人民法院应支持陈某军的诉讼请求，即撤销该房屋买卖合同，要求李某岚返还定金。

民法典第一百四十七条规定，基于重大误解实施的民事法律行为，行为人有权请求人民法院或者仲裁机构予以撤销。

本案中，陈某军发现购买的别墅有误时，及时与房屋中介和卖家李某岚联系，结合陈某军之前看房的情形，综合分析可知，陈某军错误购买的意思表示明显。因此，陈某军单方构成重大误解，可以依法行使撤销权，即陈某军有权向人民法院申请撤销其与李某岚之间的房屋买卖法律关系，李某岚应向陈某军返还200万元的定金。

案例十一：瑕疵产品买受人维权案

贾某宝于2017年3月31日在某网上购物平台购得破壁机一台，当时被告知该款破壁机的最大优点是自动清洗功能强大。4月1日到货后贾某宝立即打开试用，发现自动清洗功能无法正常启动，遂联系客服，但投诉未果，平台既不退款也不换货。

问题：（1）第一种情形：2018年4月5日贾某宝向人民法院起诉要求撤销合同。人民法院支持贾某宝的诉讼请求吗？

（2）第二种情形：假如贾某宝收到破壁机后一直束之高阁，直到2022年4月5日才拿出来试用，发现该破壁机的自动清洗功能无法正常启动，遂向人民法院起诉要求撤销合同。此时，人民法院支持贾某宝的诉讼请求吗？

（3）第三种情形：假如贾某宝于2022年1月1日第一次试用破壁机，发现其自动清洗功能无法正常启动。他能向人民法院申请行使撤销权吗？

分析：第一种和第二种情形下，人民法院均不支持贾某宝的诉讼请求。在第三种情形下，贾某宝能向人民法院申请行使撤销权。

民法典第一百五十二条规定，有下列情形之一的，撤销权消灭：

（一）当事人自知道或者应当知道撤销事由之日起一年内、重大误解的当事人自知道或者应当知道撤销事由之日起九十日内没有行使撤销权；

（二）当事人受胁迫，自胁迫行为终止之日起一年内没有行使撤销权；

（三）当事人知道撤销事由后明确表示或者以自己的行为表明放弃撤销权。

当事人自民事法律行为发生之日起五年内没有行使撤销权的，撤销权消灭。

上述条款说明，法律督促权利人及时行使撤销权，同时为避免可撤销的民事法律行为的效力处于不稳定状态，法律规定了除斥期间以明确撤销权的行使期限。除斥期间的起算点一般分为两种：根据主观标准，即“当事人自知道或者应当知道撤销事由之日起”，除胁迫是从胁迫行为终止之日起；根据客观标准，即“民事法律行为发生之日起”。

除斥期间基于起算标准的不同，按主观标准，除重大误解是三个月，其他情形的除斥期间均为一年；按客观标准，即最长除斥期间从民事法律行为发生之日起五年。法律之所以规定最长五年的“客观期间”，是对适用一年除斥期间的必要限制。否则一个交易行为完成了十年，出卖方才知道存在撤销事由要求立即撤销十年前的合同，实则是对已然存在的交易秩序的重大破坏。法律是调节利益关系的平衡器，一方面赋予意思表示瑕疵方撤销权，另一方面平衡双方利益、实现交易公平。故出卖方十年后的“幡然醒悟”不能适用主观标准的一年除斥期间，只能适用客观标准的五年除斥期间。显然出卖方的撤销权已归于消灭，十年前的交易行为不能被撤销。

第一种情形：贾某宝于 2017 年 4 月 1 日就知道破壁机的自动清洗功能无法正常启动。此时应适用民法典第一百五十二条第一款第一项“自知道或者应当知道撤销事由之日起一年内”，即 2017 年 4 月 2 日至 2018 年 4 月 1 日为一年除斥期间。然贾某宝于 2018 年 4 月 5 日才向人民法院起诉要求撤销合同，超出了一年的除斥期间，撤销权已归于消灭。因此，人民法院不支持贾某宝的诉讼请求。

第二种情形：贾某宝于 2022 年 4 月 5 日才拿出来试用，发现该破壁机的自动清洗功能无法正常启动。此时应适用民法典第一百五十二条第二款“自民事法律行为发生之日起五年内没有行使撤销权的，撤销权消灭”，即 2017 年 4 月 1 日至 2022 年 3 月 31 日为五年除斥期间。然贾某宝于 2022 年 4 月 5 日才发现产品瑕疵，超出了五年的除斥期间，其撤销权已归于消灭。因此，人民法院不支持贾某宝的诉讼请求。

第三种情形：贾某宝于 2022 年 1 月 1 日发现该破壁机的自动清洗功能无法正常启动。此时应适用民法典第一百五十二条第二款的规定。2017 年 4 月 1 日至 2022 年 3 月 31 日为五年除斥期间，2022 年 1 月 1 日在五年的除斥期间内，即当事人知道无法自动清洗的问题是在接近五年的时间，满足“五年内”的条件，故贾某宝仍能向人民法院申请行使撤销权。

案例十二：权利人行使撤销权的除斥期间案

汪某然在某市经营国际物流业务数十载，近三年由于经济结构发生转变，其决定前往东南亚建厂。在处置国内资产时，汪某然将自己的宝马7系以60万元人民币的价格卖给朋友夏某雨。该车的里程表存在故障，汪某然知道但一直没空修理，也未告知夏某雨。故在评估作价时，是以里程表显示的里程数作为参考，导致最终的成交价虚高于二手市场价20万元。

该二手车手续办完后一年，夏某雨才知晓真相，遂马上向人民法院申请撤销该买卖合同。

问题：夏某雨享有该合同的撤销权吗？

分析：夏某雨享有撤销权，可以请求人民法院或仲裁机构撤销该合同。

民法典第一百四十八条规定，一方以欺诈手段，使对方在违背真实意思的情况下实施的民事法律行为，受欺诈方有权请求人民法院或者仲裁机构予以撤销。

第一百五十二条规定，有下列情形之一的，撤销权消灭：

（一）当事人自知道或者应当知道撤销事由之日起一年内、重大误解的当事人自知道或者应当知道撤销事由之日起九十日内没有行使撤销权；

（二）当事人受胁迫，自胁迫行为终止之日起一年内没有行使撤销权；

（三）当事人知道撤销事由后明确表示或者以自己的行为表明放弃撤销权。

当事人自民事法律行为发生之日起五年内没有行使撤销权的，撤销权消灭。

上述条款说明，一方当事人实施了故意隐瞒真相或者故意告知虚假情况等欺诈行为，导致对方当事人陷入认识错误，并实施了违反其真实意愿的民事法律行为。此时法律规定受欺诈后意思表示不真实的一方当事人享有撤销权。是否行使撤销权取决于权利人本人的意愿，国家不会主动干预。但撤销权不是永远存在的，因为法律一方面保护当事人的真实意思，另一方面也要保持现有社会秩序的稳定性，故限制了撤销权的行使期间。

本案中，汪某然明知里程表显示的里程数有误而不告知夏某雨，构成欺诈。夏某雨可以诉请人民法院撤销该买卖合同，并请求汪某然承担缔约过失责任。该合同撤销权的实现由权利人启动，且由人民法院撤销。这两个部分缺一不可，也就是说撤销合同绝不是权利人一人之作为，必须得到司法机关的支持。

夏某雨知道真相后，应及时行使撤销权，即自知道或者应当知道撤销事由之日起一年内，或者自买卖合同订立之日起五年内行使撤销权。“一年”或“五年”中有任何一个期间先届满，都将导致夏某雨的撤销权归于消灭。这是法律既尊重当事人意思自治又督促权利人及时行使权利之平衡机制之体现。

案例十三：借款合同诉讼时效案

2019 年 5 月 1 日，白某康为买车向亲戚白某平借款 10 万元人民币，约定半年后偿还。半年后，白某康仍未筹齐 10 万元，便想着趁白某平还未催债期间做网约车司机攒钱。2022 年 12 月 1 日，白某康终于凑齐 10 万元并还给白某平。后白某康在看法治节目时，知晓了什么叫自然债务，什么是诉讼时效，遂又去找白某平，企图追回 10 万元，却遭遇了白某平的闭门羹。白某康起诉至人民法院，要求白某平返还 10 万元。

问题：人民法院支持白某康的诉讼请求吗？

分析：人民法院不支持白某康的诉讼请求，白某平有权拒不返还 10 万元。

民法典第一百八十八条规定，向人民法院请求保护民事权利的诉讼时效期间为三年。法律另有规定的，依照其规定。

第一百九十二条规定，诉讼时效期间届满的，义务人可以提出不履行义务的抗辩。

诉讼时效期间届满后，义务人同意履行的，不得以诉讼时效期间届满为由抗辩；义务人已经自愿履行的，不得请求返还。

上述法条说明，诉讼时效届满后的权利是自然权利，如果债务人自愿履行，则权利人有权受领并且该受领利益受法律保护。债务人履行完毕后又后悔的，法律不予支持，因为债务人自愿履行，意味着其主动放弃时效利益。如果允许债务人出尔反尔，实乃违反民法之意思自治和诚实守信。

本案中，借款期限是半年，故自 2019 年 11 月 2 日起，白某平可以请求白某康返还 10 万元，但白某平从未主张过该项债权。到 2022 年 11 月 1 日，该项债权经过 3 年的诉讼时效期间，已变为自然之债继续存在。2022 年 12 月 1 日，白某康自愿将 10 万元还给白某平，则白某平有权受领且法律保护其受领的利益。即使白某康反悔，也无权要求白某平返还 10 万元。故人民法院不支持白某康的诉讼请求，反而会判决驳回其诉讼请求。

案例十四：见义勇为案

某周五，皮划艇运动员苏某海完成训练回家的途中，遇见汪某峤殴打环卫工人李某馨，苏某海上前阻拦汪某峤，李某馨趁机拨打 110。汪某峤恼羞成怒，捡起街边的砖头向苏某海拍去，苏某海的脑袋顿时血流如注。汪某峤逃之夭夭，至今未被抓获。半小时后，苏某海被李某馨和赶来的警察送去医院，花去医疗费 10 万元人民币。

问题：如果苏某海请求李某馨承担部分医疗费，李某馨能拒绝吗？

分析：不能拒绝，李某馨有义务给予适当补偿。

民法典第一百八十三条规定，因保护他人民事权益使自己受到损害的，由侵权人承担民事责任，受益人可以给予适当补偿。没有侵权人、侵权人逃逸或者无力承担民事责任，受害人请求补偿的，受益人应当给予适当补偿。

上述法条说明，见义勇为之人遭受的损失通常应由侵权人承担损害赔偿责任。在没有侵权人、不能确定侵权人、侵权人逃逸以及侵权人没有足够赔偿能力的情形下，法律适用公平原则，受益人应给予适当补偿，分担一部分责任。

本案中，苏某海的行为是典型的见义勇为。汪某峤是侵权人，本应承担苏某海的人身损害赔偿责任；但汪某峤未归案前，苏某海请求受益人李某馨给予适当补偿，李某馨不得拒绝，因为这是受益人的法定义务。李某馨应根据其实际状况，考量当地经济生活水平，在适当范围内对苏某海予以补偿。

案例十五：受益人补偿案

张某田和吴某克是相邻两家海鲜商铺的老板，为方便取货、节约成本，两人共同租用了一个码头仓库，各自存放生鲜海货。一天夜里海啸突至，导致港口以及周边一片狼藉，码头仓库也无一幸免。码头管理人赶紧联系张某田和吴某克，希望他们尽快过来清点生鲜、减少损失，但张某田手机处于关机状态，只有吴某克赶来，最终抢出两人一半的海货，身上多处挫伤划伤，花去医疗费八千多元人民币。

问题：吴某克能请求张某田承担部分医疗费吗？

分析：能，张某田应承担部分医疗费。

民法典第一百八十三条规定，因保护他人民事权益使自己受到损害的，由侵权人承担民事责任，受益人可以给予适当补偿。没有侵权人、侵权人逃逸或者无力承担民事责任，受害人请求补偿的，受益人应当给予适当补偿。

上述法条说明，受益人应当根据其受益程度、受害人受损大小等综合因素来确定对被侵权人的补偿范围，此乃受益人的法定义务。

本案中，张某田未被联系上，而是吴某克从受灾现场抢救出其和张某田的一半海货。张某田作为受益人，应当对吴某克的人身损害给予适当的补偿。这亦是公平原则在损益分担上的具体体现。

案例十六：宣告死亡案

周某江是一名资深驴友，然而在某次野外攀岩中下落不明，杳无音讯。5年后其妻张某丽向人民法院申请宣告周某江死亡。宣告死亡日期为2019年4月1日。4月15日遗产被妻子张某丽、儿子周某晓、女儿周某禾分割完毕。经查，周某江于2019年11月1日死亡，并曾于2019年10月20日自书遗嘱，写明将遗产留给其子周某晓。

问题：（1）周某江与其妻子张某丽的婚姻关系何时终止？

（2）周某江的遗产归张某丽、周某晓和周某禾共同继承，还是只由周某晓继承？

分析：（1）周某江与张某丽之婚姻关系于 2019 年 11 月 1 日，即周某江自然死亡之时归于消灭。

（2）周某江的遗产只能由其儿子周某晓继承，其妻张某丽和女儿周某禾应将之前分割所得的属于周某江的遗产返还给周某晓。

民法典第四十九条规定，自然人被宣告死亡但是并未死亡的，不影响该自然人在被宣告死亡期间实施的民事法律行为的效力。

第五十一条规定，被宣告死亡的人的婚姻关系，自死亡宣告之日起消除。死亡宣告被撤销的，婚姻关系自撤销死亡宣告之日起自行恢复。但是，其配偶再婚或者向婚姻登记机关书面声明不愿意恢复的除外。

上述法条说明，死亡宣告判决所引起的法律后果是有效的，这意味着被宣告死亡的自然人自宣告死亡之日起，其婚姻关系归于消灭；其继承人自宣告死亡之日起开始发生继承法律关系。但是，如果该后果与此人自然死亡前所实施的民事法律行为相抵触，则以自然人自然死亡前所实施的民事法律行为的效力为准。

本案中，周某江被宣告死亡的日期为 2019 年 4 月 1 日，但实际死亡日期是 2019 年 11 月 1 日，婚姻关系解除的起算点应以实际死亡日期为准。

2019 年 4 月 15 日，遗产被妻子张某丽、儿子周某晓、女儿周某禾分割的法律后果，与 2019 年 10 月 20 日周某江自书遗嘱的内容相抵触的部分，应以遗嘱为准，这是民事主体意思自治的体现，没有有效遗嘱才适用法定继承。故妻子张某丽和女儿周某禾应将事先分得的属于周某江的遗产的份额返还给周某晓。周某江与张某丽的夫妻共同财产在婚姻关系解除之时应予以分割。如果采取均分，张某丽分得夫妻共有财产的一半；另一半归周某江所有，则这一部分由其遗嘱继承人周某晓单独继承。

案例十七：被宣告死亡人生还案

植某璨于 2016 年元旦离家出走，从此未归，下落不明，家人朋友们均不知其是否仍活在人世间。儿子植某种于 2021 年 1 月 5 日向人民法院申请宣告其父植某璨死亡。2022 年 2 月 6 日，人民法院判决宣告植某璨死亡。植某种继承了一套房屋和一辆大众轿车。随即植某种将该轿车以 20 万元人民币的价格出售给郝某岳。2022 年 3 月植某璨突然归家，后向人民法院申请撤销原死亡宣告判决。

问题：（1）植某璨能主张郝某岳返还大众轿车吗？

（2）植某璨能主张植某种返还房屋吗？

分析：（1）植某璨不能要求郝某岳返还大众轿车。如果植某璨主张，郝某岳有权拒绝。

（2）植某璨有权主张植某种返还房屋。

民法典第五十三条规定，被撤销死亡宣告的人有权请求依照本法第六编取得其财产的民事主体返还财产；无法返还的，应当给予适当补偿。

利害关系人隐瞒真实情况，致使他人被宣告死亡而取得其财产的，除应当返还财产外，还应当对由此造成的损失承担赔偿责任。

上述法条说明，被宣告死亡的自然人生还后，返还财产以撤销死亡宣告时的现存利益为限。原物被第三人合法取得的，第三人可不予退还，而由继承人承担补偿义务。

本案中，大众轿车已被继承人植某种卖给了郝某岳。郝某岳继受取得了该辆轿车的所有权。故植某璨无权请求郝某岳返还大众轿车，但可请求植某种返还剩余的价款或给予补偿。

植某璨生还时，房产并没有被植某种处分，则房产的所有权人仍是植某璨，其有权要求植某种返还。

案例十八：无权代理案

2021 年 4 月，边某城想购进大批红胡桃木做中式家具，遂出具授权委托书给姜某雅。委托姜某雅到某东省聊城购买 1500 立方米红胡桃木，姜某雅到聊城后发现当地红胡桃木早已断货，而黑胡桃木却卖不出去但品质尚佳。姜某雅试图联系边某城，但始终联系不上，故擅自更改授权委托书上的红胡桃木为黑胡桃木，然后与聊城当地的汉林木业有限公司签订了一份买卖黑胡桃木的合同。订立合同时，该木业公司发现姜某雅出示的授权委托书上有更改痕迹，但其急于出售该批黑胡桃木便没有过问。

汉林公司将黑胡桃木送至边某城堆放建材的仓库时，边某城发现并不是自己想要的红胡桃木而拒绝签收，于是双方发生纠纷，陷入僵局。

问题：姜某雅购买黑胡桃木的代理行为有效吗?

分析：姜某雅购买黑胡桃木的代理行为不被边某城追认，则该代理行为无效。

民法典第一百七十一条第一款规定，行为人没有代理权、超越代理权或者代理权终止后，仍然实施代理行为，未经被代理人追认的，对被代理人不发生效力。

上述条款规定的是狭义无权代理的效力问题。在无权代理行为成立之时，其效力为待定状态。事后经被代理人追认的，则该行为自始有效；如果被代理人不予追认或拒绝追认的，该行为自始无效，对被代理人和相对人不发生法律效力。

本案中，姜某雅的代理权限是购买红胡桃木，而其超越了代理权限购买黑胡桃木，姜某雅构成无权代理，该代理行为处于效力待定的状态。如果姜某雅购买黑胡桃木的代理行为事后被委托人边某城追认，则该代理行为有效；如果不被追认，则该代理行为无效。结合案情考量，边某城拒绝签收黑胡桃木，其用行为拒绝追认姜某雅的代理行为，这意味着该代理行为无效；姜某雅与汉林公司签订的买卖合同自始无效，汉林公司只能追究姜某雅的损害赔偿责任。

总则编理论知识概述

“民法”一词源自罗马法的市民法，其发端于古罗马简单商品经济时期，经过两千多年人类社会的更迭和发展，逐渐成为世界上大多数国家与地区，在不同社会形态下与市场经济发展相适应的调整平等主体之间人身关系和财产关系的基本法律规范。我国民法典被誉为“人民美好生活的法治保障”“社会生活的百科全书”，是因为民法典七编共1260条，其内容丰富，与民众的生活息息相关。其主要调整四个生活领域：市场经济领域，例如物权编、合同编；婚姻家庭领域，例如婚姻家庭编、继承编；私人生活领域，例如人格权编、物权编；其他社会领域，例如侵权责任编。作为七编之首的总则编主要规定了民法的调整对象、民事法律关系、民法的基本原则等内容。

一、民法典的基本原则

总则编规定了民法的基本原则，包括平等原则、自愿原则、公平原则、诚实信用原则、公序良俗原则和绿色原则。这些基本原则虽不直接涉及民事主体的具体权利和义务，但其效力贯穿于整个民事法律制度和规范之中，是指导民事立法、民事司法和进行民事活动的带有普遍指导意义的基本行为准则。

二、民事主体

我国的民事主体采三元论，即自然人、法人和非法人组织。

（一）自然人

自然人的民事权利能力始于出生、终于死亡，与自然人本身不可分离，是自然人参与民事活动的主体资格。以自然人的年龄与精神状态为标准，自然人可分为三类，即无民事行为能力人、限制民事行为能力人和完全民事行为能力人。总则编突出了对“一小一老”群体的特殊保护。

1. 确定胎儿在特定情形下视为具有民事权利能力

总则编第十六条规定：“涉及遗产继承、接受赠与等胎儿利益保护的，胎儿视为具有民事权利能力。但是胎儿娩出时为死体的，其民事权利能力自始不存在。”此规定确立了胎儿利益保护的一般规则，使民法对于人的保护拓展至出生前，其立法目的不仅是保护胎儿，更是加强对自然人的保护，为其日后能够健康成长提供更多的物质保障。

2. 完善监护制度，保护未成年人和老年人的利益

一方面，民法典建立了成年人监护制度，将“无民事行为能力或者限制民事行为能力的成年人”规定为被监护人，将失智老年人纳入其中，扩大了被监护人的范围（第二十八条）。同时，尊重老年人意愿，建立了意定监护制度，以适应我国老龄化趋势，有效保护老年人利益。另一方面，民法典建立了遗嘱指定监护（第二十九条）、协议监护（第三十条）、临时监护（第三十一条）、国家监护（第三十二条）、临时照护（第三十四条）等制度，细化撤销监护人资格制度（第三十六条），形成被监护人保护体系，全面保护未成年人、老年人和残疾人的利益。

3. 宣告失踪与宣告死亡

自然人离开自己的住所，长期下落不明、杳无音讯，致使与其相关的法律关系处于不确定状态，对失踪人和其利害关系人均不利，故立法设立宣告失踪与宣告死亡制度予以消弭这种不稳定秩序。宣告失踪制度旨在保护失踪人的利益，暂时性地解决与失踪人相关的财产性问题；而宣告死亡制度旨在保护被宣告死亡人之利害关系人的合法权益，乃是终局性地解决与失踪人相关的人身性问题和财产性问题。

（二）法人

法人是一种具有民事权利能力和民事行为能力的社会组织，是法律拟制的“人”，以一定的成员或财产或两者兼而有之为基础而设立。法人虽不享有专属于自然人的健康权、隐私权等权利，但法人能依法独立享有民事权利和承担民事义务，因为其拥有独立人格、独立财产，能独立承担责任。我国将法人分为三类：营利法人，如有限责任公司、股份有限公司和其他企业法人等；非营利法人，如事业单位、社会团体、基金会、社会服务机构等；特别法人，如机关法人、集体经济组织法人等。总则编对法人制度作了较大程度的重构，将公司法的相关规定提升为所有营利法人的普遍性规定。

（三）非法人组织

非法人组织是不具有法人资格，但是能够以自己的名义从事民事活动的组织，包括个人独资企业、合伙企业、不具有法人资格的专业服务机构等。非法人组织的财产不足以清偿债务的，其出资人或者设立人承担无限责任。

三、民事法律行为

民事法律行为是总则编的理论重点，其集中体现了民事主体的意思自治，具有民事性、表意性、设权性、目的性和民事法律事实性的特征。民事法律行为是一个经过“提取公因式”的法律概念的高度抽象化，其具体应用于物权、合同、婚姻、收养、遗嘱等多个领域。

民事法律行为的核心内容是意思表示，即行为人把进行某一民事法律行为的内心效果意思，以一定的方式表达于外部的行为，从而引起民事法律关系的发生、变更或消灭。此处的私法效果不是法律规定的效果，而是民事主体意欲发生的法律效果。

民事法律行为能否产生行为人所欲追求的法律效果，则取决于民事法律行为是否符合法定的生效要件。总则编规定，具备下列条件的民事法律行为有效：行为人具有相应的民事行为能力；意思表示真实；不违反法律、行政法规的强制性规定，不违背公序良俗。如果上述三要件有所欠缺，则民事法律行为无效、效力待定或可撤销。

四、代理

代理制度是商品经济的产物。在资本主义社会，商业交易频繁，规模不断扩大，而且社会生活日趋广泛和复杂，人们由于年龄、精神健康状态、知识、时间、条件等原因，已不可能事必躬亲，迫切需要通过他人代理帮忙处理各项事务，这就使代理制度的产生成为必要和可能。

代理制度的确立和发展，一方面大大拓展了民事活动的空间，能够帮助完全民事行为能力人充分实现其意思自治，另一方面有利于补充无民事行为能力人和限制民事行为能力人的私人自治，保障能力欠缺者民事权益的实现。

代理制度包括代理权的取得、代理权的行使及其规则、代理权的消灭、狭义无权代理、表见代理等。

五、诉讼时效与期间

民法典总则编修改了 2 年的普通诉讼时效期间，改为 3 年。特殊诉讼时效期间为 4 年或 5 年。最长保护期间采客观主义，自权利受到损害之日起持续 20 年。

总则编规定了除斥期间，即法律规定或者当事人约定的原事实状态之法律关系得以维持的期间，例如，除斥期间届满，合同一方当事人的撤销权归于消灭。除斥期间是法定期间、不变期间，不适用诉讼时效中止、中断和延长的规定。

视频资源 1

物　权　编

物权编典型案例

案例十九：保护生活安宁、排除妨害物权案

吴某磊年初在上海购入一套新房，随后将宁波的旧房卖给张某天并签订了二手房买卖合同。合同中约定吴某磊国庆前后回宁波办理过户登记并交付钥匙。张某天想早点住上按照自己审美要求装修的房子，于5月就擅自撬开该二手房大门，入驻装修施工且装修到晚上10点，导致邻居王某袖经常失眠。

问题：王某袖应该如何保护自己的生活安宁免受装修的干扰？

分析：王某袖有权要求吴某磊或者张某天停止装修、排除妨害。

民法典第二百三十六条规定，妨害物权或者可能妨害物权的，权利人可以请求排除妨害或者消除危险。

上述法条说明，物权人的支配权受到他人侵害时，为恢复权利人对客体的圆满支配状态，有权请求妨害人为一定行为或不为一定行为，此乃物权请求权当然之内容。

本案中，对所有权造成妨害的人包括行为妨害人张某天和状态妨害人吴某磊。首先，张某天的装修施工行为直接侵害了王某袖的建筑物区分所有权，对王某袖的生活安宁造成干扰。其次，吴某磊在房屋未过户登记前仍是所有权人，因自有房屋的噪声干扰邻居的正常生活，其有义务恢复原状。故王某袖有权要求吴某磊或者张某天停止装修、排除妨害。

案例二十：房屋所有权人行使专有权应受到必要限制案

业主顾某梁购买了一个可放水约 2 吨的大型浴缸，安装在其居住的第 29 层的客厅里。曾某天是楼下的邻居，因顾某梁经常在深夜洗澡、泡澡，导致本来就有轻微精神衰弱的曾某天晚上经常被吵醒，病情恶化。曾某天多次与楼上邻居交涉未果，遂向人民法院起诉，请求顾某梁拆除客厅中的浴缸。

问题：人民法院支持曾某天的诉讼请求吗？

分析：人民法院支持曾某天的诉讼请求。顾某梁应当拆除其客厅中的浴缸，恢复原状。

民法典第二百七十二条规定，业主对其建筑物专有部分享有占有、使用、收益和处分的权利。业主行使权利不得危及建筑物的安全，不得损害其他业主的合法权益。

第二百八十八条规定，不动产的相邻权利人应当按照有利生产、方便生活、团结互助、公平合理的原则，正确处理相邻关系。

上述法条说明，民法典对建筑物区分所有权中的专有权作了特别限制，即对专有面积享有所有权的业主实现其房屋功能时不得损害其他业主的合法权益。

本案中，首先，顾某梁在客厅安装浴缸，与建筑物安全使用、客厅的正常功能相背离。其次，顾某梁行使专有权时须受到一定的限制，不能损害邻里的合法权益，而应以有利于日常生活为目的。再次，顾某梁须公平、合理地承担相邻关系中最基本的法定义务。

顾某梁经常在深夜洗澡、泡澡，已严重影响了曾某天的生活安宁，损害了曾某天的合法权益。故人民法院支持曾某天的诉讼请求，责令顾某梁拆除浴缸，恢复客厅之原状和功能。

案例二十一：小区业主自治案

某州市某小区建成后，地面停车位仅有 30 余个，远远满足不了全部业主的停车需求。

有的业主为图方便省事，经常随意将车辆停放在车位之外的小区道路上，既影响了小区的文明形象，又增加了消防安全隐患。为此，物业和相关部门经常对违停业主进行劝导，但收效甚微。为解决小区停车难题，有业主提出，在小区道路上增加停车位，但经消防部门现场测试，如果新增车位的话，将严重影响消防应急救援，新增车位条件不具备。

2020 年下半年，物业公司根据部分业主建议，制定了《小区车辆管理公约（试行）》，获得了专有部分面积占比三分之二以上的业主且人数占比三分之二以上的业主的同意。

管理公约规定，小区地面停车位先到先得，停满后，有车库的业主须将车辆停入地下车库，无车库的业主须自行驶离小区。对小区内违规停放的车辆，物业公司将进行文明劝阻，劝阻后仍不配合，报综合执法局、公安交警及消防部门处理，类似行为累计三次的，删除车辆的自动识别信息等。

管理公约实施后，齐某桓等业主仍然经常将私家车停放在车位之外，且对合理劝导不予理睬，并拒绝在文明停车承诺书上签字。2021 年 5 月，物业公司依据管理公约，删除了道闸系统中齐某桓等车辆的自动识别信息。2021 年底，齐某桓等向人民法院提起诉讼，要求小区恢复其车辆自由出入小区的权利。

问题：人民法院支持齐某桓等业主的诉讼请求吗?

分析：如果齐某桓等业主遵守小区车辆管理公约，则人民法院支持其诉讼请求，要求该物业公司恢复其登记车辆的自动识别信息，使其能开车自由进出小区。如果齐某桓等业主拒绝书面承诺遵守车辆管理公约，则人民法院不支持其诉讼请求。

民法典第二百七十八条规定，下列事项由业主共同决定：

（一）制定和修改业主大会议事规则；

（二）制定和修改管理规约；

（三）选举业主委员会或者更换业主委员会成员；

（四）选聘和解聘物业服务企业或者其他管理人；

（五）使用建筑物及其附属设施的维修资金；

（六）筹集建筑物及其附属设施的维修资金；

（七）改建、重建建筑物及其附属设施；

（八）改变共有部分的用途或者利用共有部分从事经营活动；

（九）有关共有和共同管理权利的其他重大事项。

业主共同决定事项，应当由专有部分面积占比三分之二以上的业主且人数占比三分之二以上的业主参与表决。决定前款第六项至第八项规定的事项，应当经参与表决专有部分面积四分之三以上的业主且参与表决人数四分之三以上的业主同意。决定前款其他事项，应当经参与表决专有部分面积过半数的业主且参与表决人数过半数的业主同意。

本案中，首先，《小区车辆管理公约（试行）》获得了专有部分面积占比三分之二以上的业主且人数占比三分之二以上的业主的同意，符合民法典第二百七十八条第一款第二项和该条第二款的规定。也就是说，“制定和修改管理规约”必须由专有部分面积占比三分之二以上的业主且人数占比三分之二以上的业主参会，且参会的业主中，参与表决专有部分面积过半数的业主且参与表决人数过半数的业主同意，即经过专有部分面积占比三分之一（2/3×1/2）以上的业主且人数占比三分之一（2/3×1/2）以上的业主同意，该公约效力及于该小区全体业主。这说明该小区业主享有在小区停车的权利，但小区绝非法外之地，业主的权利也并非毫无边界。包括齐某桓等在内的所有业主在行使物权时，应当遵守法律，遵守业主管理公约，尊重社会公德，不得损害公共利益和其他业主的合法权益。

其次，该管理公约体现了业主的成员权（管理权），体现了业主自治。管理公约作为业主自治的核心工具，必须依法经过业主共同决定，才能真正发挥效用。只有业主充分实现自治，有动力去自治，整套物业管理制度的运行才能有所保障，从而从根本上解决小区治理的顽疾。

再次，该公约还规定了物业公司对相关业主的不当行为能够进行“管理”。该“管理”是全体业主通过委托实现其成员权的方式。通常而言，这种委托不需要具体明确的授权，而是按照管理公约的要求履行相关的物业服务职责。本案中的物业公司正是基于该管理公约的内容，全面实际履行物业服务合同中的义务。

该管理公约充分权衡了业主的停车权利、小区的停车秩序、消防安全和小区的整体利益后，才明确规定对违规停车行为超过三次的业主，在劝阻不配合的情况下可以删除业主车辆的自动识别信息。而齐某桓等业主驾驶的车辆多次不按规定停放且不听合理文明的劝导，又拒绝签署遵守管理公约的承诺书；为确保小区消防安全，物业公司依据管理公约对违停车辆实施管理，并将其车辆自动识别信息删除，是在履行管理职责。齐某桓等业主应当承担自身不当行为造成的不利后果。这恰恰是业主自治的真实写照。

因此，齐某桓等业主如果能书面承诺遵守小区的车辆管理公约，则人民法院支持其诉讼请求，要求物业公司恢复其登记车辆的自动识别信息，使其能开车自由进出小区。如果齐某桓等业主拒绝书面承诺遵守小区的车辆管理公约，则人民法院不支持其诉讼请求。

案例二十二：老旧小区加装电梯案

某江市某苑置地是20世纪90年代开发的小区楼盘，该楼盘的建筑物均为6层楼，一层两户，户型相同。2021年1月，伴随民法典的生效实施，某江市人民政府办公室发布《既有住宅加装电梯工作实施意见》。某苑置地8栋6楼的业主牛某华，也是该栋的业主代理人，经2楼以上包括牛某华在内的10户业主同意，与某加装电梯工程公司签订了《加装电梯设备采购及安装合同》。但电梯施工单位进场施工后，吕某布等一楼业主加以阻挠，不同意加装电梯。

因意见分歧较大，牛某华等7名业主将吕某布等4人诉至人民法院，要求停止对加装电梯工程的阻挠行为，不得阻止、妨碍、破坏加装电梯工程的正常施工。

问题：人民法院支持牛某华等业主的诉讼请求吗？

分析：人民法院支持牛某华等业主的诉讼请求。吕某布等4人应停止阻挠、妨碍行为，对加装电梯工程施工提供必要的便利和配合。

民法典第二百七十八条规定，下列事项由业主共同决定：

（一）制定和修改业主大会议事规则；

（二）制定和修改管理规约；

（三）选举业主委员会或者更换业主委员会成员；

（四）选聘和解聘物业服务企业或者其他管理人；

（五）使用建筑物及其附属设施的维修资金；

（六）筹集建筑物及其附属设施的维修资金；

（七）改建、重建建筑物及其附属设施；

（八）改变共有部分的用途或者利用共有部分从事经营活动；

（九）有关共有和共同管理权利的其他重大事项。

业主共同决定事项，应当由专有部分面积占比三分之二以上的业主且人数占比三分之二以上的业主参与表决。决定前款第六项至第八项规定的事项，应当经参与表决专有部分面积四分之三以上的业主且参与表决人数四分之三以上的业主同意。决定前款其他事项，应当经参与表决专有部分面积过半数的业主且参与表决人数过半数的业主同意。

第二百八十八条规定，不动产的相邻权利人应当按照有利生产、方便生活、团结互助、公平合理的原则，正确处理相邻关系。

本案中，加装电梯属于第二百七十八条第一款第七项改建、重建建筑物及其附属设施的内容。首先，8 栋一共有 12 名业主，本栋是否加装电梯至少要有 8 名业主（2/3×12）参与表决，参与表决的 8 名业主中须有 6 名以上（8×3/4）同意，方可通过加装电梯的决议。也就是说，加装电梯须经 8 栋参与表决专有部分面积二分之一（2/3×3/4）以上的业主且参与表决人数二分之一（2/3×3/4）以上的业主同意。实际上，包括牛某华在内共有 10 户业主同意，符合表决人数二分之一以上的业主同意，且该 10 户满足二分之一以上专有部分面积的要求。故牛某华等业主有权为本栋加装电梯。

其次，牛某华等业主请求加装电梯的申请，经过某江市既有住宅加装电梯领导小组联合审查同意，加装电梯的程序合法。

再次，民法典第二百八十八条关于相邻关系的规定，确定了不动产相邻人之间的容忍义务。

同时，相邻关系是不动产物权的扩张与限制，不动产物权之保护必须与权利不得滥用原则相结合。吕某布等 4 人与牛某华等业主为楼上楼下相互毗邻的邻居，相邻各方之间形成了基于彼此给予便利和接受限制而产生的权利义务关系，应当本着友睦邻里、团结互助和互让互谅的精神，对加装电梯工程施工提供必要的便利和配合。

如果吕某布等 4 人依据自己享有的专有权，继续阻拦加装电梯，则违反了民法典关于业主建筑物区分所有权的规定，也不符合民法典有利生产、方便生活、团结互助、公平合理的相邻关系原则。

故人民法院支持牛某华等业主的诉讼请求。吕某布等 4 人应停止阻挠、妨碍行为，对加装电梯工程施工提供必要的便利和配合。

案例二十三：不动产相邻关系案

白某郁是某小区业主，其主卧、书房与某健身中心的经营场所相邻。健身中心出于宣传需要，在与白某郁所在楼栋相对的西边外墙的四楼墙面处安装了带灯的广告牌，每晚七点至次日凌晨一点开启。

该广告牌灯光开启后，除照亮健身中心外，还能散射到白某郁主卧及周围住宅的外墙上，并通过窗户对白某郁主卧内造成明显影响。在白某郁主卧的阳台上，目视夜间开启后的广告灯箱，亮度达到刺眼的程度。

白某郁称广告牌灯光使其难以安睡，并导致其房屋外蚊虫数量激增，对其日常生活造成了严重妨碍。不堪其扰的白某郁将健身中心诉至人民法院，要求其拆除带灯的广告牌。

问题：人民法院支持白某郁的诉讼请求吗？

分析：人民法院支持白某郁的诉讼请求。该健身房应拆除广告牌。

民法典第二百八十八条规定，不动产的相邻权利人应当按照有利生产、方便生活、团结互助、公平合理的原则，正确处理相邻关系。

《最高人民法院关于审理建筑物区分所有权纠纷案件适用法律若干问题的解释》第四条规定，业主基于对住宅、经营性用房等专有部分特定使用功能的合理需要，无偿利用屋顶以及与其专有部分相对应的外墙面等共有部分的，不应认定为侵权。但违反法律、法规、管理规约，损害他人合法权益的除外。

上述法条说明，相邻关系是指依据法律规定，两个或两个以上相互毗邻的不动产的所有人或使用人，在行使不动产的所有权或使用权时，因相邻，各方应当给予便利和接受限制而发生的权利义务关系。

不动产相邻所有人之间须承担基本的容忍义务。在解决相邻关系纠纷时，司法实践必须平衡当事人之间的行动自由和权益保护，即自由应当以不侵害他人的合法权益为前提。

本案中，白某郁的房屋与健身中心毗邻，当健身中心的广告牌影响到白某郁的日常生活时，该争议属于相邻关系纠纷。

该健身中心在自己的经营场所外墙设置广告牌，为自己的经营场所外部环境提供照明本无过错。但由于该广告牌与白某郁的房屋距离太近，中间无任何物件遮挡，健身中心广告灯箱的光源能射入白某郁居室内，使其难以安睡，而且还导致其房屋外蚊虫数量激增。涉案灯光对白某郁的日常生活造成了严重妨碍，且超出了一般公众普遍可以忍受的程度。故该健身中心安装带灯广告牌的行为产生了明显的光污染，侵害了白某郁的合法权益，白某郁有权要求该健身中心停止侵害。因此，人民法院支持白某郁的诉讼请求。

案例二十四：冷冻胚胎返还案

王某安（男）与徐某童（女）于 2014 年登记结婚，因徐某童患有原发性不育症，夫妻二人欲通过体外受精和胚胎移植（“试管婴儿”）的医学手段辅助生育。

2019 年开始，王某安夫妇在某市三甲医院先后取卵 7 枚，并将成功形成的 4 枚胚胎委托医院保管。眼见年龄越来越大，生育的机会越来越小，为了更多种可能，夫妻二人希望医院返还代为保管的 4 枚胚胎。但王某安夫妇未能与医院达成一致，遂向人民法院提起诉讼，请求判令医院返还 4 枚胚胎。

医院方面辩称：胚胎培养是后续诊疗活动开展的前提，保存要求极高，王某安夫妇并不具备保存胚胎的条件；而且胚胎的返还也可能产生医疗伦理风险，不利于维护医疗秩序。

问题：人民法院支持王某安夫妇的诉讼请求吗？

分析：人民法院支持王某安夫妇的诉讼请求。医院应向该夫妇返还冷冻保存的 4 枚胚胎。

胚胎是人还是物，我国现行法律没有明确规定，只有部门管理办法，即**中华人民共和国卫生部发布的《人类辅助生殖技术管理办法》第三条第二款规定，禁止以任何形式买卖配子、合子、胚胎。**该行政管理规定表明，冷冻胚胎不允许转让、流转，从而否定了冷冻胚胎的财产属性。

学理上有不同观点：

（1）主体说认为，胚胎可以被认为是法律上的人。施行体外受精、胚胎移植手术过程中产生的受精胚胎，是具有发展为生命的潜能、含有未来生命特征的特殊之物，不能像一般之物一样任意转让或继承。

（2）客观说认为，胚胎可以成为不同权利的客体。胚胎和血液、骨髓、精子、卵子等一样，在不违背公共秩序的前提下可以作为物，或者成为民事权利的客体。

（3）中介说认为，胚胎是介于人与物之间的过渡存在，具有孕育成生命的潜质，比非生命体具有更高的道德地位，应受到特殊尊重与保护。

司法实践倾向采客观说，将胚胎认定为物，即特定民事主体对胚胎这一特定物享有合法权益。《人类辅助生殖技术管理办法》第三条虽规定不得买卖、赠送胚胎，不得代孕等，但该行政管理办法不得对抗上位法民法典所包含的保护正当权益的私法理念。

民法典第二百四十条规定，所有权人对自己的不动产或者动产依法享有占用、使用、收益和处分的权利。

民法典第一千零九条还规定，从事与人体基因、人体胚胎等有关的医学和科研活动，应当遵守法律、行政法规和国家有关规定，不得危害人体健康，不得违背伦理道德，不得损害公共利益。

根据上述学理分析和司法实践操作，本案中的王某安夫妇对胚胎享有所有权，有权要求医院返还冷冻保存的4枚胚胎。同时，王某安夫妇在主张对胚胎享有的合法权益时，应当遵守有关法律规定，不得危害人体健康，不得违背伦理道德，不得损害社会公共利益。

案例二十五：物业公司履行疫情防控职责案

黄某征于2021年6月10日从上海来到某市某小区探望祖母。彼时正值我国部分地区出现了聚集性新冠肺炎疫情，该市有关部门发布紧急防控通知，要求严格落实社区出入口值班值守，加强验码、亮码、登记等疫情防控措施。

2021年6月19日黄某征骑共享单车进入小区，物业公司值班保安当即呼喊，要求其停车接受亮码、登记等疫情防控检查措施。黄某征听到有人呼喊后回头看了一下，随即加速向前骑行。值班保安骑车追赶，伸手接触对方背部时，黄某征失控摔倒。后黄某征将物业公司诉至人民法院，要求赔偿医疗费、交通费、营养费、护理费、误工费等共计6万元人民币。

问题：人民法院支持黄某征的诉讼请求吗？

分析：人民法院不支持，而是驳回黄某征的诉讼请求，该物业公司对其损失无须担责。

民法典第二百八十六条第一款规定，业主应当遵守法律、法规以及管理规约，相关行为应当符合节约资源、保护生态环境的要求。对于物业服务企业或者其他管理人执行政府依法实施的应急处置措施和其他管理措施，业主应当依法予以配合。

上述法条说明，物业服务企业依照法律规定履行疫情防控职责时，业主应当配合物业公司，接受亮码、登记等疫情防控检查措施。

本案中，物业公司在行为上没有过错，不应当承担赔偿责任。黄某征在物业人员大声呼喊之际却加速骑行，最终导致摔伤，属于受害人故意。黄某征应自行承担相应的不利后果。故人民法院判决驳回黄某征的诉讼请求。

案例二十六：按份共有人优先购买权案

孟某仁、孟某恩、孟某桃三兄弟共有一套公寓，各占份额10%、60%、30%。现孟某仁有意出售自己的份额，且已与第三人王某庭达成买卖份额的主要条款，即王某庭出价500万元人民币，签约之日起10日内一次性付清。

孟某仁就此主要条款通知孟某恩和孟某桃，要求他们在获得通知之日起20日内表态是否购买，孟某恩表示价款没问题，但是如果能够3个月内分期付款，则愿意购买；孟某桃表示如果2个月内一次性付清，则愿意购买。

问题：孟某恩和孟某桃能主张优先购买权吗？

分析：两兄弟均不能主张优先购买权。

民法典第三百零五条规定，按份共有人可以转让其享有的共有的不动产或者动产份额。其他共有人在同等条件下享有优先购买的权利。

第三百零六条第一款规定，按份共有人转让其享有的共有的不动产或者动产份额的，应当将转让条件及时通知其他共有人。其他共有人应当在合理期限内行使优先购买权。

《最高人民法院关于适用〈中华人民共和国民法典〉物权编的解释

（一）》第九条规定，共有份额的权利主体因继承、遗赠等原因发生变化时，其他按份共有人主张优先购买的，不予支持，但按份共有人之间另有约定的除外。这说明司法解释对“转让”进行了限缩解释，即通常指有偿转让。

上述法条及司法解释说明，优先购买权发生的前提，一般是按份共有人对外有偿转让其份额，排除了赠与、继承、遗赠等情形。如果发生对内转让，则按份共有人之间可自由处分其份额，除非共有人另有约定。

此处的“同等条件”不仅是指同一价格，而且以是否影响拟转让的共有人的利益为判断标准，故应综合考虑共有份额的转让价格、价款履行方式、履行期限等因素。

本案中，孟某仁与第三人王某庭达成买卖份额的价款、支付方式等主要合同内容并及时通知了孟某恩和孟某桃，但他俩对价款履行方式或履行期限作出了变更。孟某恩希望变一次性付款为分期付款，孟某桃希望延长付款期限，故两人均不满足“同等条件”的情形。因此，孟某恩和孟某桃不得主张优先购买权，孟某仁有权将10%的份额出售给第三人王某庭。

案例二十七：居住权确认案

2021年1月底，许某莲立下遗嘱，将她和丈夫李某勇居住的房屋赠与其弟许某生。该套房屋为许某莲的婚前个人财产，故遗嘱中还同时写明，李某勇再婚之前有权在该房屋中居住。

2022年初许某莲病逝，半年后，许某生将该房屋挂在某房屋中介平台上出卖。李某勇发现后，要求许某生将该卖房信息撤下来，但遭到许某生拒绝。无奈之下，李某勇诉至人民法院，要求确认自己对该房屋享有居住权。

问题：人民法院支持李某勇的诉讼请求吗？

分析：人民法院支持李某勇的诉讼请求，其享有对该套房屋的居住权。

民法典第三百七十一条规定，以遗嘱方式设立居住权的，参照适用本章的有关规定。

第一千一百三十三条第一款规定，自然人可以依照本法规定立遗嘱

处分个人财产，并可以指定遗嘱执行人。

上述法条说明，以遗嘱方式设立居住权，无须另订立居住权合同。居住权自合法有效的遗嘱继承开始时设立，不以登记为生效要件。

本案中，这套房屋为许某莲的婚前个人财产，许某莲能够通过设立遗嘱的方式指定该房屋由法定继承人之一的许某生继承。同时，许某莲也能通过遗嘱的方式在该房屋上设立居住权以及居住权的存续期限。故人民法院支持李某勇的诉讼请求，李某勇享有对该套房屋的居住权直至其再婚时为止。

案例二十八：不动产抵押权何时成立生效案

李某军想要投资一家24小时便利连锁店，于是找到他的好友张某发、关系亲密的堂兄李某浩，三人签订借款合同，约定“李某军向张某发借款200万元人民币，并于10个月后还钱，李某浩将其一套商品房抵押给张某发，并承诺一个月内完成抵押登记”。张某发随即将200万元转账给李某军。后张某发过于忙碌，没有催促李某浩及时办理抵押登记事宜。10个月后，李某军无力偿还200万元。

问题：（1）该借款合同有效吗？

（2）李某军无力偿还200万元，张某发能直接将李某浩的这套商品房拍卖、变卖或折价优先受偿吗？

分析：（1）该借款合同有效。

（2）不能。张某发必须先请求李某浩继续履行合同，即办理房屋抵押登记。张某发取得抵押权后，才能将该商品房拍卖、变卖或折价，实现优先受偿权。

民法典第二百一十五条规定，当事人之间订立有关设立、变更、转让和消灭不动产物权的合同，除法律另有规定或者当事人另有约定外，自合同成立时生效；未办理物权登记的，不影响合同效力。

本案中，该借款合同有效。其符合民事法律行为的有效要件：第一，李某军、张某发、李某浩均是完全民事行为能力人，具有相应的民事行为能力；第二，李某军和张某发达成借款的意思表示真实，李某浩为借款提供商品房抵押的意思表示也具有真实性；第三，该借款合同之内容不违反法律、行政法规的强制性规定，不违背公序良俗。因此，该借款合同有效且生效。

本案中的借款合同既已生效，则产生合同之债的履行效力。一方当事人不按约定履行义务，则要承担违约责任，包括继续履行、赔偿损失等。根据合同约定，李某浩有办理抵押登记的义务。如其不主动履约，债权人张某发可请求李某浩继续履行合同，即办理房屋抵押登记。这实质上是对张某发最有利的违约责任承担方式。

根据物债两分原则，借款合同有效、生效并不意味着张某发当然取得对该套商品房的抵押权。抵押权设立与否取决于物权变动之规则。**民法典第二百零九条第一款规定，不动产物权的设立、变更、转让和消灭，经依法登记，发生效力；未经登记，不发生效力，但是法律另有规定的除外**。因此，只有李某浩履行合同义务，办理抵押登记，张某发方可取得抵押权，才能在李某军无力偿还 200 万元时，将该商品房拍卖、变卖或折价实现优先受偿权。如果李某浩拒绝办理抵押登记，则抵押权未能设立，该 200 万元债权就是普通债权，张某发只能要求李某军或李某浩承担赔偿损失之违约责任。

案例二十九：动产质权案

徐某涛是某迪新能源汽车 4S 店的老板，为解决资金周转问题，徐某涛与某业银行签订了借款合同。为担保能按期还款，合同中约定徐某涛将 20 辆“飞锐城市越野”一周内质押给某业银行。5 日后，徐某涛交给某业银行的不是 20 辆而是 15 辆“飞锐城市越野”。某业银行予以接受，未置可否。

问题：（1）该质押权生效了吗？

（2）如果质押权生效了，该质押权的标的是 20 辆还是 15 辆“飞锐城市越野”？

分析：（1）该质押权生效。

（2）质押权的标的物是 15 辆“飞锐城市越野”。

民法典第四百二十七条第一款规定，设立质权，当事人应当采用书面形式订立质押合同。

第二百二十四条规定，动产物权的设立和转让，自交付时发生效力，但是法律另有规定的除外。

第四百二十九条规定，质权自出质人交付质押财产时设立。

上述法条说明，当事人应当采取书面形式订立质押合同。质押合同生效后，债权人有权请求出质人依约交付质押物；如果出质人不履行合同义务则构成违约。出质人交付质押物时，质押权立即生效。动产质权的生效体现了“物权与债权区分”原则。

本案中，虽然合同约定的标的为 20 辆“飞锐城市越野”，但徐某涛只交付了 15 辆，则该 15 辆“飞锐城市越野”的质押权自交付给银行时生效。

徐某涛和银行订立的质押合同成立即生效，某业银行可以根据质押合同，要求徐某涛继续履行合同义务，即交付剩下的 5 辆“飞锐城市越野”。如果徐某涛不交付，则要承担相应的违约责任。

案例三十：游艇转质权案

张某时和李某新属于同一游艇俱乐部的成员，在某次比赛开始前，两人签订了书面协议，约定“谁输了谁给对方 200 万元人民币”。后张某时输了，将其游艇质押给李某新，用以担保半年内将 200 万元打入李某新的账户。

三个月后，李某新在与另一会员袁某乐比赛时输了，应给袁某乐 100 万元人民币。在征得张某时的同意后，李某新以该游艇出质给袁某乐，约定 2 个月内将 100 万元打入袁某乐的账户。

后张某时、李某新到期均不能还款，该游艇的二手市场价是 2000 万元人民币。

问题：本案应如何处理？

分析：拍卖或变卖该游艇获得 2000 万的价款。袁某乐先取得 100 万元，李某新再拿走 100 万元，剩下的 1800 万元归张某时。张某时与李某新、李某新与袁某乐之债权债务关系均归于消灭。

民法典第四百三十四条规定，质权人在质权存续期间，未经出质人同意转质，造成质押财产毁损、灭失的，应当承担赔偿责任。

第四百三十八条规定，质押财产折价或者拍卖、变卖后，其价款超过债权数额的部分归出质人所有，不足部分由债务人清偿。

上述法条说明，质权人在质权存续期间，能够以其占有的质押物为第三人设立质权从而担保自己的债务，即为转质权。经原出质人同意的转质为承诺转质。未经原出质人同意的转质为责任转质，质权人擅自转质而导致质押物毁损灭失的，须向出质人承担损害赔偿责任。

转质权所担保的债权范围以不超过原质权所担保的债权数额为限，且转质权的效力优先于原质权。

本案中，“谁输了谁给对方200万元人民币”的对赌约定是张某时和李某新之真实意思表示；该约定内容不违法不悖俗；且两人均是完全民事行为能力人。

民法典第一百四十三条规定，具备下列条件的民事法律行为有效：

（一）行为人具有相应的民事行为能力；

（二）意思表示真实；

（三）不违反法律、行政法规的强制性规定，不违背公序良俗。

故张某时和李某新书面约定的对赌内容有效。后张某时为履行200万元的合同债务，将自己的游艇出质交付给李某新，则李某新享有对该游艇的质押权。同理，袁某乐享有对该游艇的转质权。因李某新事先征得张某时的同意，故案涉之转质权构成承诺转质。

张某时、李某新到期均不能履行债务，李某新100万元的债务先到期，则转质权人袁某乐可以拍卖、变卖该游艇，就拍卖、变卖的价款以不超过原质权所担保的200万元债权数额为限，优先于李某新的原质权受偿。

该游艇可拍卖、变卖2000万元，袁某乐先拿走100万元，李某新再拿走100万元，剩下的1800万元归原出质人张某时所有。

案例三十一：“亚洲龙”轿车善意取得案

王某虎因母亲生病急需用钱，将自己的一辆丰田“亚洲龙”以12万元人民币的价格卖给孙某司，订立买卖合同，约定6个月分期付款，每月支付2万元；还约定在此期间王某虎将丰田“亚洲龙”先交给孙某司使用，但该辆轿车的所有权须等孙某司付清全款后再转移给他。三个月后，孙某司遇见了多年未见的高中同学黄某宗。黄某宗刚拿到驾照，正打算买辆二手车练习车技，看见这辆“亚洲龙”后，以为是孙某司的，便提出试驾一圈，如果性能不错，便以15万元人民币买下，孙某司当即同意。试驾一圈后，黄某宗十分满意，当场转账15万元，孙某司随即将车钥匙交给黄某宗让其将车开走。

问题：黄某宗能取得这辆丰田“亚洲龙”的所有权吗？

分析：黄某宗能取得这辆“亚洲龙”的所有权。

民法典第三百一十一条规定，无处分权人将不动产或者动产转让给受让人的，所有权人有权追回；除法律另有规定外，符合下列情形的，受让人取得该不动产或者动产的所有权：

（一）受让人受让该不动产或者动产时是善意；

（二）以合理的价格转让；

（三）转让的不动产或者动产依照法律规定应当登记的已经登记，不需要登记的已经交付给受让人。

受让人依据前款规定取得不动产或者动产的所有权的，原所有权人有权向无处分权人请求损害赔偿。

当事人善意取得其他物权的，参照适用前两款规定。

第六百四十二条第一款规定，当事人约定出卖人保留合同标的物的所有权，在标的物所有权转移前，买受人有下列情形之一，造成出卖人损害的，除当事人另有约定外，出卖人有权取回标的物：

（一）未按照约定支付价款，经催告后在合理期限内仍未支付；

（二）未按照约定完成特定条件；

（三）将标的物出卖、出质或者作出其他不当处分。

《最高人民法院关于审理买卖合同纠纷案件适用法律问题的解释》第二十六条第二款规定，在民法典第六百四十二条第一款第三项情形下，第三人依据民法典第三百一十一条的规定已经善意取得标的物所有权或者其他物权，出卖人主张取回标的物的，人民法院不予支持。

上述法条说明，所有权保留买卖的买受人将标的物出卖、出质或者作出其他不当处分的，第三人可以主张善意取得标的物所有权或者其他物权。

本案中，首先，王某虎与孙某司之间订立的买卖合同属于所有权保留买卖。根据合同约定，王某虎仍然是该辆“亚洲龙”的所有权人。孙某司出卖此车属于无权处分。其次，黄某宗在买该辆“亚洲龙”时，是孙某司实际控制车辆，黄某宗对孙某司和王某虎的交易不知情也无重大过失，其构成善意。再次，黄某宗以合理的对价 15 万元受让该辆二手“亚洲龙”。

最后，孙某司已将车钥匙交付给黄某宗，完成动产公示。故黄某宗对这辆丰田“亚洲龙”构成善意取得。孙某司作为无权处分人应对王某虎承担损害赔偿责任。

案例三十二：空气炸锅留置权案

武汉市某二手家电老板李某冬委托修理工栾某宇修理二十台松下空气炸锅，约定每台修理费 50 元。每台空气炸锅的价值均在500 元左右。栾某宇修好后，李某冬不肯支付 1000 元的修理费。

问题：栾某宇有权留置二十台空气炸锅还是两台空气炸锅?

分析：栾某宇有权留置两台空气炸锅。

民法典第四百四十七条规定，债务人不履行到期债务，债权人可以留置已经合法占有的债务人的动产，并有权就该动产优先受偿。

前款规定的债权人为留置权人，占有的动产为留置财产。

第四百四十八条规定，债权人留置的动产，应当与债权属于同一法律关系，但是企业之间留置的除外。

第四百五十条规定，留置财产为可分物的，留置财产的价值应当相当于债务的金额。

上述法条说明，一般留置权成立须满足三个条件：其一，债权人合法地直接占有债务人的动产；其二，债权已届清偿期，但债务人未按规定的期限履行其债务；其三，债权的发生与占有的该动产属于同一法律关系。

留置权是否可分，取决于留置的标的物本身是否可分。留置物为可分物的，留置权人应当留置相当于债务金额的动产；留置物为不可分物的，留置权人可以就其留置物的全部行使留置权。

本案中，李某冬与修理工栾某宇之间是承揽合同法律关系，合同的标的物是二十台空气炸锅。李某冬不按照合同约定支付修理费，则栾某宇有权留置属于同一法律关系之动产，即该承揽合同中的数台空气炸锅。二十台空气炸锅是可分物，而李某冬所欠的修理费是 1000 元，则留置权人栾某宇留置与债务金额 1000 元价值相当的两台空气炸锅即可，其他的十八台空气炸锅应返还给李某冬。

案例三十三：以自动流水线设备设立最高额抵押担保案

王某乐是某凉茶企业的董事长兼采购部主任，每季度都要向石某强采购药材夏枯草。2020年12月31日，王某乐与石某强协商一致，书面约定从2021年1月1日至2022年12月31日的两年内，该凉茶企业与石某强之间产生的不超过2000万元人民币的货款，以自家生产凉茶的自动流水线设备提供最高额抵押担保，并于合同订立之日起一周内办理抵押登记。

问题：（1）王某乐能将2021年前公司所欠石某强300万元的货款，一并归入到该最高额抵押担保的债权范围中吗？

（2）两年过去后，该凉茶企业与石某强之间共产生了2200万元的货款，王某乐没有按期还款，而该自动流水线设备的二手市场价为2000万元，那么，石某强的货款债权应该如何实现？

（3）石某强将2021年一年对该凉茶企业所享有的1000万元货款债权，转让给了自己的生意伙伴张某硕，且同时通知了王某乐。如果王某乐无法按期履行债务，石某强能优先受偿的范围是多少？

分析：（1）王某乐与石某强如果协商一致，均同意将该笔2021年前的300万货款归入到最高额抵押担保的债权范围内，则两人的意思自治优先，该合意有效。

（2）石某强的货款债权一分为二，2000万元以拍卖、变卖该自动流水线设备的价款优先受偿；另外的200万元是无担保的普通债权，如王某乐不偿还，石某强可通过诉讼或仲裁的方式予以解决。

（3）石某强能优先受偿的范围仍然是2000万元。

民法典第四百二十条规定，为担保债务的履行，债务人或者第三人对一定期间内将要连续发生的债权提供担保财产的，债务人不履行到期债务或者发生当事人约定的实现抵押权的情形，抵押权人有权在最高债权额限度内就该担保财产优先受偿。

最高额抵押权设立前已经存在的债权，经当事人同意，可以转入最高额抵押担保的债权范围。

第四百二十一条规定，最高额抵押担保的债权确定前，部分债权转

让的，最高额抵押权不得转让，但是当事人另有约定的除外。

第四百二十三条规定，有下列情形之一的，抵押权人的债权确定：

（一）约定的债权确定期间届满；

（二）没有约定债权确定期间或者约定不明确，抵押权人或者抵押人自最高额抵押权设立之日起满二年后请求确定债权；

（三）新的债权不可能发生；

（四）抵押权人知道或者应当知道抵押财产被查封、扣押；

（五）债务人、抵押人被宣告破产或者解散；

（六）法律规定债权确定的其他情形。

上述法条说明：第一，最高额抵押是为将来的债权作担保。在最高额抵押设立时，其所担保的债权尚未发生；第二，最高额抵押所担保的债权具有最高限额；第三，最高额抵押担保的债权具有不确定性；第四，最高额抵押的确定是以决算的方式来实现的；第五，最高额抵押是对一定期间内连续发生的债权作担保，其不适用于仅发生一个债权关系的情况；第六，最高额抵押在决算之前，不因所担保债权的转让而随之发生移转，除非当事人另有约定。

本案中，（1）某凉茶企业于 2021 年前所欠石某强 300 万元的货款，发生在最高额抵押权设立之前，需经双方当事人另行协商，如果均无异议，才可将该 300 万元货款归入最高额抵押担保的债权范围内。

（2）王某乐和石某强约定的两年期届满，债权人石某强的债权能够明确，共计 2200 万元。但两人在最高额抵押担保合同中约定，最高债权额不超过 2000 万元。故石某强 2200 万元债权一分为二：某凉茶企业不能按期还款的 2000 万元，石某强可就该自动流水线设备予以拍卖、变卖，优先受偿；超出的 200 万元属于普通债权，如果该企业不履行还款义务，石某强可通过诉讼或仲裁的方式予以解决。

（3）在最高额抵押权存续期间，石某强将 1000 万元的货款债权转让给张某硕，除非某凉茶企业与石某强另有约定，否则最高额抵押权不会随具体债权的转让而发生移转。故最高额抵押担保的债权范围依然是 2000 万元；石某强能优先受偿的范围依旧是 2000 万元。

案例三十四：让与担保案

长居某索市的夏某蓬与葛某朗在合同中约定，夏某蓬将其名下的一套房屋过户登记于葛某朗名下；葛某朗借给夏某蓬50万元人民币用于替儿子夏某丰还债，借款期限两年，在此期间该房屋仍由夏某蓬居住。在所借款项连本带息全额还清后，葛某朗将该房屋过户归还给夏某蓬。合同签订的当天，两人即办理了房屋过户登记手续。两年后，夏某蓬未按期还款，葛某朗将该房屋按市价卖给了才来某索市工作不久的欧某农，并完成过户手续，葛某朗获得价款100万元。

问题：（1）夏某蓬与葛某朗签订的合同是房屋买卖合同吗？

（2）该房屋所有权归谁？

（3）价款100万元全归葛某朗吗？

分析：（1）夏某蓬与葛某朗之间不是房屋买卖行为，而是让与担保行为。

（2）该房屋的所有权现归欧某农所有。

（3）不是。葛某朗有优先清偿其50万元债权及相应利息的权利，剩下的价款应返还给原所有人夏某蓬。

民法典第一百四十三条规定，具备下列条件的民事法律行为有效：

（一）行为人具有相应的民事行为能力；

（二）意思表示真实；

（三）不违反法律、行政法规的强制性规定，不违背公序良俗。

第一百四十六条规定，行为人与相对人以虚假的意思表示实施的民事法律行为无效。

以虚假的意思表示隐藏的民事法律行为的效力，依照有关法律规定处理。

第三百八十八条第一款规定，设立担保物权，应当依照本法和其他法律的规定订立担保合同。担保合同包括抵押合同、质押合同和其他具有担保功能的合同。担保合同是主债权债务合同的从合同。主债权债务合同无效的，担保合同无效，但是法律另有规定的除外。

本案中，（1）该房屋虽形式上过户到葛某朗名下，但夏某蓬仍继续居住；葛某朗未实际支付房款，且合同内容还约定了该房屋恢复过户给夏某蓬的情形。由此可见，夏某蓬与葛某朗在签约时既无真实的房屋买卖之意思表示，之后亦没有真正的房屋产权交易行为，故该房屋买卖合同无效。

但是表面虚假的房屋买卖之合意无效，并不必然导致隐藏的民事法律行为无效。**民法典第一百四十六条第二款规定，以虚假的意思表示隐藏的民事法律行为的效力，依照有关法律规定处理**。也就是说，如果隐藏的民事法律行为满足有效的三要件，则当然有效。

夏某蓬与葛某朗的真实合意包括夏某蓬借钱，以自有房屋作为担保；如果债务人夏某蓬到期还钱，债权人葛某朗应当返还该房屋；且双方已完成了该房屋的形式过户，也并不存在违反法律禁止性规定的“流押”条款。因此，双方的借贷、让与担保的合意有效。夏某蓬与葛某朗之间不是房屋买卖行为，而是让与担保行为。

（2）首先，该房屋虽登记在葛某朗名下，但其仅仅是形式上的登记人，该房屋的真正物权人仍是夏某蓬，因此，葛某朗将房屋卖给欧某农属于无权处分；其次，根据案情介绍，欧某农才来某索市工作不久，对该房屋的真实状况不知情实属正常，其只要进行了形式审查，就应认定欧某农受让该房屋是善意，而且欧某农是按市价购买的该房屋，即可认为其以合理的价格受让。故欧某农的购房行为符合民法典第三百一十一条善意取得的规定，该房屋的所有权现归欧某农所有。

（3）该房屋已变更登记在葛某朗名下，意味着双方的让与担保完成了物权变动公示程序，该房屋让与担保类似于不动产抵押，具有物权效力，葛某朗享有优先受偿权，且同时须履行清算义务。如果夏某蓬不能按期还款，葛某朗有权对该房屋折价，或以拍卖、变卖的价款优先受偿。本案中，该房屋已被葛某朗变卖，获得 100 万元价款。对该笔价款，葛某朗有优先清偿其 50 万元债权及相应利息的权利，剩下的价款应返还给原所有人夏某蓬。如果葛某朗拒不返还则构成不当得利。

案例三十五：让与担保流押无效案

长居某索市的夏某蓬与葛某朗在合同中约定，夏某蓬将其名下的一套房屋过户登记于葛某朗名下；葛某朗借给夏某蓬50万元人民币用于替儿子夏某丰还债，借款期限两年，在此期间该房屋仍由夏某蓬居住。在所借款项连本带息全额还清后，葛某朗将该房屋过户归还给夏某蓬。双方约定如果夏某蓬按期不能还款，该房屋归葛某朗。合同签订的当天，两人即办理了房屋过户登记手续。两年后，夏某蓬没有偿债能力，葛某朗声称自己是所有权人，要求夏某蓬立即搬走。

问题：该房屋归葛某朗所有吗?

分析：该房屋不归葛某朗所有。

民法典第一百四十六条规定，行为人与相对人以虚假的意思表示实施的民事法律行为无效。

以虚假的意思表示隐藏的民事法律行为的效力，依照有关法律规定处理。

第四百零一条规定，抵押权人在债务履行期限届满前，与抵押人约定债务人不履行到期债务时抵押财产归债权人所有的，只能依法就抵押财产优先受偿。

《最高人民法院关于适用〈中华人民共和国民法典〉有关担保制度的解释》第六十八条第二款规定，债务人或者第三人与债权人约定将财产形式上转移至债权人名下，债务人不履行到期债务，财产归债权人所有的，人民法院应当认定该约定无效，但是不影响当事人有关提供担保的意思表示的效力。当事人已经完成财产权利变动的公示，债务人不履行到期债务，债权人请求对该财产享有所有权的，人民法院不予支持；债权人请求参照民法典关于担保物权的规定对财产折价或者以拍卖、变卖该财产所得的价款优先受偿的，人民法院应予支持；债务人履行债务后请求返还财产，或者请求对财产折价或者以拍卖、变卖所得的价款清偿债务的，人民法院应予支持。

本案中，夏某蓬与葛某朗签订的合同表面上是房屋买卖合同，实则为让与担保合同（案例三十四第一问已论证，此处不再赘述）。

该让与担保合同首先具有合同效力，即夏某蓬应按合同约定配合办理过户登记手续，将其名下的一套房屋所有权过户登记于葛某朗名下。其次合同中约定“按期不能还款，该房屋归葛某朗”的条款无效。该条款无效不影响让与担保合同其他内容发生法律效力，以及物权变动公示后的担保物权产生法律效果。故该房产虽过户登记于葛某朗名下，但葛某朗是抵押权人而非真正的所有权人；该房产物权变动公示后发生的是抵押权效力而非流押效力。

因此，当夏某蓬不能按期还款时，葛某朗有权对该房屋折价，或以拍卖、变卖的价款优先受偿。若折价或拍卖、变卖的价款高于 50 万元的，多出 50 万元的部分归夏某蓬；若折价或拍卖、变卖的价款低于 50 万元的，不足 50 万元的部分是普通债权，葛某朗有权向夏某蓬继续主张还债义务。

物权编理论知识概述

物权编的一般规定中明确了国家、集体、私人的所有权受法律平等之保护。此规定彰显了我国全面深化改革、完善社会主义市场经济法律体系的决心，表明了我国不断强化以人民为中心、依法保护老百姓合法权益的坚定态度。

一、物权法的基本原则

物权法的基本原则，是指其效力贯穿于物权法始终，反映物权法调整对象的本质和规律，以及立法者所奉行之政策的根本规则。

物权是指权利人依法对特定的物或权利享有直接支配和排他的权利，其调整因物的归属和利用产生的民事法律关系。

首先，物权法采物权法定原则，即物权的种类和内容由法律统一规定，当事人不得任意创设。物权是一类主要的财产权利，与社会经济生活具有重大密切的联系，如果允许当事人自由创设，则很可能对所有权设定种种负担，不利于对物的利用；而且物权是排他性的支配权，如果允许肆意创设，必然会影响第三人的利益。

其次，物权法遵循公示公信原则。公示原则是指当事人必须以公开的方式使公众知晓物权变动的事实。动产物权的变动要交付，不动产物权和一些特殊动产物权的变动要办理登记，否则，物权变动不发生法律上的效力。公示原则的功能在于，依法定的严格方式规范物权变动的过程，直接保护变动物权的当事人，间接保护处于交易过程中的第三人。

公信原则是指一旦当事人在变动物权时依法定方式进行了公示，法律就赋予该物权变动完全的效力。即使公示有瑕疵，善意的受让人基于对公示的依赖，也不负返还义务，仍能取得物权。

再次，物权法遵循权利不得滥用原则，即物权人在取得和行使物权的过程中，必须遵守公序良俗，不得损害社会公共利益和他人的合法权益。

二、物权体系

物权的核心是所有权。所有权是指所有权人对自己的物享有的独占性的支配权，具体表现为但不限于占有、使用、收益和处分等权能。所有权是唯一的自物权，故自物权就是所有权。他物权，是指权利人根据法律规定或合同约定，对他人所有之物享有的物权。所有权之外的其他物权均是他物权，具体包括用益物权和担保物权。占有，是指民事主体对某物虽不享有物权，但对该物进行管领、控制而发生事实上的支配关系。占有人对占有物享有一系列类似于物权的利益，又称为准物权。

- 物权体系
  - 所有权
    - 动产所有权
    - 不动产所有权
    - 建筑物区分所有权
    - 共同共有权、按份共有权
  - 他物权
    - 用益物权
      - 土地承包经营权
      - 建设用地使用权
      - 宅基地使用权
      - 居住权
      - 地役权
    - 担保物权
      - 抵押权
      - 质押权
      - 留置权
  - 准物权：占有

三、物权变动

（一）物权与债权的区分原则

在财产权体系中，物权和债权关系密切，但两者是互相独立的法律行为，有各自的成立与生效要件。民法典严格区分物权行为与债权行为。当事人之间订立有关设立、变更、转让和消灭不动产物权的合同，除法律另有规定或者合同另有约定外，该合同自成立时生效；未办理物权登记的，不影响合同的效力。这说明登记或交付是合同的履行行为，未登记或未交付不影响债权合同的效力，只是不能产生物权变动的法律效果。

债权行为是否成立与生效，依照民事法律行为的成立与生效要件来判断；物权变动是否发生，依照基于法律行为物权变动的规则来判断。物债两分之效力泾渭分明。

（二）一般的物权变动

物权变动是指由于一定的原因导致物权设立、变更、转让和消灭。虽然物权变动的原因很多，例如赠与、继承等，但最重要的是民事法律行为中的买卖合同引发的物权变动，即有效的合同＋登记＝不动产物权变动；有效的合同＋交付＝动产物权变动。

登记和交付是物权变动的生效要件，但土地承包经营权、地役权和动产抵押这三项物权自合同生效时物权即为设立，无须以登记或交付作为生效要件，但未经登记的，不得对抗善意第三人。

（三）特殊的物权变动——善意取得

善意取得，是指无处分权人将其占有的动产或者错误登记在其名下的不动产转让给善意第三人；或者为善意第三人设定他物权，在符合一定条件的前提下，善意第三人依据法律规定取得动产或者不动产的所有权或者他物权。善意取得制度是公示公信原则之体现，其以牺牲真正所有权人之权利为代价，保障和鼓励财产交易之安全。故真正所有权人的所有权消灭或者所有权上产生他物权负担。原所有权人只能向无权处分人主张侵权损害赔偿之请求权、不当得利之返还请求权或违约赔偿之请求权，而不能要求善意第三人返还原物。

四、建筑物区分所有权

民法典物权编对业主的建筑物区分所有权修改较大。其采取三元论说，即建筑物区分所有权包含三项权利——专有权、共有权和共同管理权。

第一，对业主的专有权作出了特别限制，即不得损害其他业主的合法权益。

第二，对专有部分相较于原物权法做了修改。民法典第二百七十九条规定，业主将住宅改变为经营性用房的，除遵守法律、法规以及管理规约外，增加了“应当经有利害关系的业主一致同意”。第二百八十二条新增了一个规定，“利用业主的共有部分产生的收入，在扣除合理成本之后，属于业主共有”。

第三，在共同管理权部分，对应当由业主共同决议的事项进行了完善，并降低了决议形成的门槛。原物权法规定的小区共同事项表决门槛过高，缺乏可操作性。民法典第二百七十八条对此作了修改，由全体业主多数通过改为参会业主多数通过。参会业主达业主所占建筑专有部分面积及业主人数的“双三分之二”以上即可进行表决。决定重大事项（筹集建筑物及其附属设施的维修资金；改建、重建建筑物及其附属设施；改变共有部分的用途或者利用共有部分从事经营活动），经参会业主“双四分之三”以上同意即可通过；决定一般事项，经参会业主“双过半”同意即可通过。上述规定降低了表决门槛，保障了业主管理小区共同事务。

第四，新增了居委会对设立业主大会和选举业主委员会给予指导和协助的规定。

五、居住权

居住权是民法典新增的一项用益物权，其为满足民事主体生活居住的需要而设立。与其他用益物权相比较而言，居住权只有占有使用的权能，没有收益权能。该立法宗旨主要是适应高速发展的社会生活需要。

居住权可以通过书面合同而设立，也可以通过订立遗嘱而设立。居住权原则上是无偿设立，但当事人可以约定有偿；且居住权采登记生效主义，即自登记时生效。居住权不得转让、继承；消灭时须及时办理注销登记。

六、担保物权

担保物权，是指为了担保债务的履行，在债务人或第三人的特定物或权利上所设定的一种他物权。在债务人不清偿到期债务或者出现约定的情形时，债权人可以就担保物的交换价值较之于担保人之普通债权人优先受偿。担保物权包括抵押权、质权和留置权。

（一）担保物权的法律特征

担保物权具有三个法律特征，即从属性、物上代位性、不可分性。

（1）担保物权具有从属性。首先，成立上具有从属性。担保物权以主债权债务的存在或者将来存在为前提，主债权不存在，担保物权无从成立。其次，移转上具有从属性。主债权转让时，除非法律另有规定，或者债权人与担保人另有约定，担保物权随主债权转让而发生移转。再次，效力上具有从属性。主债权无效，担保合同无效。担保人有过错的，承担缔约过失责任。最后，消灭上具有从属性。主债权债务全部消灭的，担保物权消灭。如果主债权部分消灭，因担保物权具有不可分性，则担保物权并不当然消灭。

（2）担保物权具有物上代位性。担保期间，担保财产发生毁损、灭失或者被征收等情形的，担保物权人可以就获得的保险金、赔偿金或者补偿金等优先受偿。被担保债权的履行期未届满的，也可以提存该保险金、赔偿金或者补偿金等。

（3）担保物权具有不可分性。首先，担保物部分灭失的，剩余部分仍然担保全部债权；担保物被分割的，分割后的各个部分仍担保全部债权。其次，被担保债权部分消灭的，债权人仍对担保物的全部享有优先受偿权；债权部分转让或者分割的，各债权人就其分得或受让的债权仍对担保物的全部享有优先受偿权。再次，担保物权设立后，担保物价值增加的，抵押人、质押人无权请求减少担保物；担保物的价值因不可归责于抵押人、质押人的原因减少的，担保人无义务提供补充担保。

（二）担保物权体系

- 担保物权体系
  - 抵押权
    - 不动产抵押权
    - 动产抵押权
    - 浮动抵押权
    - 最高额抵押权
  - 质权
    - 动产质权
    - 权利质权
    - 最高额质权
  - 留置权
    - 普通留置权
    - 企业留置权

（三）抵押中的“地随房走、房随地走”

以建筑物抵押的，应当将该建筑物占用范围内的建设用地使用权一并抵押。以建设用地使用权抵押的，应当将土地上已有的建筑物一并抵押。抵押人未依照法律规定一并抵押的，未抵押的财产视为一并抵押。

以建设用地使用权抵押的，土地上新增的建筑物不属于抵押财产。实现该建设用地使用权上的抵押权时，应当将该土地上新增的建筑物与建设用地使用权一并处分，但新增建筑物所得的价款，不在抵押权人优先受偿的范围内。

（四）动产抵押权

民法典将原物权法浮动抵押中抵押人的正常经营权，拓展至所有的动产抵押的情形，即所有的动产抵押人均享有正常经营权。即使动产抵押权登记了，也不得对抗正常经营活动中已经支付合理价款，并取得抵押财产的买受人。

（五）企业留置权

留置权是一种法定的担保物权。债务人不履行到期债务时，债权人可以留置已经合法占有的债务人的动产，并有权就该动产优先受偿。留置权的客体一般是债务人本人的动产，且与债权属于同一法律关系，但企业之间留置的除外。

企业留置虽不受“基于同一法律关系”的限制，但企业留置权的实现条件非常严苛：要么非基于同一法律关系的企业留置，所担保的债权必须是企业持续经营中发生的债权；要么必须基于同一法律关系才能留置第三人的动产。

（六）让与担保

让与担保是指债务人或第三人与债权人约定，将财产形式上转移至债权人名下，债务人到期不履行债务的，债权人有权对该财产拍卖、变卖或折价，用所得的价款清偿债务。

让与担保首先是一个有效的合同，如果双方当事人亦完成了物权变动公示，则具有了担保物权效力，债权人在债务人不履行到期债务时，可就其名下的财产拍卖、变卖或折价以实现优先受偿权。

如果合同中约定债务人到期不履行债务，该让与财产直接归债权人所有的，则属于流押或流质条款，该条款本身无效，但不影响让与担保的合同效力以及物权变动公示后担保物权的效力。

视频资源 2

合　同　编

合同编典型案例

案例三十六：被隐藏的赠与合同有效案

宋某玉与陈某娇是一对男弱女强的夫妻，宋某玉想偷偷在网上炒比特币以期赚快钱，从而在陈某娇面前扬眉吐气。一个月后，宋某玉得偿所愿，净赚 50 万元人民币。

宋某玉的父母住在郊区的还建房里，生活十分简朴。为提升父母的生活品质，宋某玉决定再次装修自己的婚房，趁此机会将自己结婚时购置的家电送给父母，通过“名为出卖，实则先将 2 万元交给父母，再向父母收钱”的方式实施赠与。

问题：宋某玉与其父母之间的赠与合同有效吗？

分析：该赠与合同有效。此合同名为买卖实为赠与，被隐藏的赠与行为合法故而有效。

民法典第一百四十六条规定，行为人与相对人以虚假的意思表示实施的民事法律行为无效。以虚假的意思表示隐藏的民事法律行为的效力，依照有关法律规定处理。

第六百五十七条规定，赠与合同是赠与人将自己的财产无偿给予受赠人，受赠人表示接受赠与的合同。

上述法条说明，虚假的意思表示无效。隐藏的意思表示，要看其是否符合法律的构成要件，符合法定要件则有效，不符合者则无效。

本案中，有关家电的二手买卖合同是虚假的意思表示，则该买卖合同无效；隐藏的真意是赠与合同，该赠与合同是赠与人宋某玉与受赠人宋某玉父母的真实意愿的表达，旨在无偿转让家电的所有权，该约定没有违反法律、行政法规的强制性规定，且双方当事人具有相应的民事行为能力，故该赠与合同自双方意思表示一致时起成立且生效。

案例三十七：观看短视频抽奖提现案

杨某迪注册某短视频平台会员时，已与该运营商签订《短视频服务协议》。在之后的两个月，杨某迪在该平台上观看短视频，并按照平台规定累计红包数额 3300 元有余，后又幸运地抽取到了该平台给予的提现 2466 元的福利。但在提现过程中，平台表示双方签订的《短视频服务协议》中约定，须同时满足红包个数达到 5000 个，钱包账户余额大于等于 2000 元时，方能提现 2000 元。杨某迪红包个数未达到 5000 个，不符合提现条件。而且，协议并未约定可通过抽奖方式获取红包提现的机会，故应严格按照合同约定满足红包个数和账户金额的双重要件。

杨某迪认可领取的红包个数未达 5000 个，但表示其参与抽奖提现活动，获得了领取 2466 元现金的奖励，平台运营方某科技公司应当依约返现。双方无法协商一致，杨某迪遂诉至人民法院，要求平台运营方支付红包提现金额 2466 元。

问题：人民法院支持杨某迪的诉讼请求吗？

分析：人民法院支持杨某迪的诉讼请求。该平台运营方应向杨某迪支付提现金额 2466 元。

民法典第一百四十三条规定，具备下列条件的民事法律行为有效：

（一）行为人具有相应的民事行为能力；

（二）意思表示真实；

（三）不违反法律、行政法规的强制性规定，不违背公序良俗。

第四百九十七条规定，有下列情形之一的，该格式条款无效：

（一）具有本法第一编第六章第三节和本法第五百零六条规定的无效情形；

（二）提供格式条款一方不合理地免除或者减轻其责任、加重对方责任、限制对方主要权利；

（三）提供格式条款一方排除对方主要权利。

本案中，双方签署的《短视频服务协议》是双方当事人的真实意思表示，不违反法律、行政法规的效力性强制性规定，属合法有效的合同，双方均应依约履行义务。协议约定了提取 2000 元现金的条件是领取的红包个数达到 5000 个且账户余额不少于 2000 元。

在实际履行合同中，平台发布了抽奖提现活动，杨某迪也实际参与了该活动，并且幸运地抽取了提现 2466 元的权益，这应视为双方共同作出了变更提现方式的意思表示。现杨某迪抽取了提现 2466 元的奖励，其账户余额亦达到 3300 元，故杨某迪提现 2466 元请求权的成就条件具备。

本案中，双方签署的《短视频服务协议》是该平台公司提供的格式合同，其原本就设定了对本公司极为有利的条件，在杨某迪符合抽奖提现条件的情形下，平台应当遵循公平原则来确定当事人之间的权利和义务，而不是僵化适用不合理限制杨某迪主要权利的格式条款。此时，不合理限制杨某迪主要权利的格式条款应认定为无效。故人民法院支持杨某迪的诉讼请求，即平台应向杨某迪支付提现金额 2466 元。

这一判决不仅鼓励了互联网普通用户依法维权，还能敦促类似的平台诚实守信，防止其滥用自身优势地位损害他人合法权益，从而提高全社会的契约精神和法治信仰。

案例三十八：因第三人造成违约案

某禾面包坊和某吉糕点加工厂之间订有一份固定的供货合同，即某吉糕点加工厂每两天送 100 份蛋糕和 300 份全麦面包到某禾面包坊店面。交付方式是送货上门，交付时间是送货当天的早上七点之前。

某天早晨六点半，某吉糕点加工厂的派送人员吴师傅正在开车送货，途中奥迪车车主石某昊闯红灯，且不打转向灯强行超速变道，致使吴师傅刹车不及，其面包车发生侧翻，食物散乱一地。因此，某禾面包坊未能收到蛋糕和全麦面包，导致当天和第二天均无法正常营业。

问题：某禾面包坊遭受的损失如何予以救济？

分析：某禾面包坊可向某吉糕点加工厂追究违约责任。

民法典第五百九十三条规定，当事人一方因第三人的原因造成违约的，应当依法向对方承担违约责任。当事人一方和第三人之间的纠纷，

依照法律规定或者按照约定处理。

上述法条说明，我国民事立法不承认“第三人侵害债权”，即债权不能成为侵权行为的侵害对象。债权不能实现时，债权人只能向债务人主张违约责任。

本案中，某禾面包坊和某吉糕点加工厂存在合同法律关系。双方约定的是送货上门，则在途中的蛋糕和全麦面包仍归某吉糕点加工厂所有，石某昊侵害的是该加工厂的所有权。因蛋糕和全麦面包被毁损导致某禾面包坊无法正常营业产生的经济损失，由合同的相对人某吉糕点加工厂承担赔偿责任。承担违约责任后，某吉糕点加工厂可向交通肇事者石某昊主张侵权损害赔偿责任。

案例三十九：网红主播欺诈消费者案

李某娅是某平台头部主播，拥有稳定的消费粉丝群体，乔某峰观看李某娅直播长达半年之久，是众多粉丝之一。2021 年 3 月 8 日，乔某峰通过直播间购买李某娅私下销售的一款手机，收货后发现手机是仿冒机。沟通无果后，乔某峰以网络购物合同纠纷为由诉至某互联网法院，要求李某娅和某直播平台共同承担赔偿责任。

该直播平台声称，其在直播规范中明确公示禁止进行站外交易，在接到乔某峰的投诉后及时对李某娅账号进行封停处理等，尽到了事前提示和事后监督义务，且现无证据证明直播平台知晓涉案交易行为的存在，故不承担相应责任。

问题：乔某峰的损失由谁来承担？

分析：乔某峰的损失由李某娅来承担，该直播平台无须担责。

民法典第六百一十七条规定，出卖人交付的标的物不符合质量要求的，买受人可以依据本法第五百八十二条至第五百八十四条的规定请求承担违约责任。

第五百八十二条规定，履行不符合约定的，应当按照当事人的约定承担违约责任。对违约责任没有约定或者约定不明确，依据本法第五百一十条的规定仍不能确定的，受损害方根据标的的性质以及损失的大小，可以合理选择请求对方承担修理、重作、更换、退货、减少价款或

者报酬等违约责任。

《中华人民共和国消费者权益保护法》第五十五条第一款规定，经营者提供商品或者服务有欺诈行为的，应当按照消费者的要求增加赔偿其受到的损失，增加赔偿的金额为消费者购买商品的价款或者接受服务的费用的三倍；增加赔偿的金额不足五百元的，为五百元。法律另有规定的，依照其规定。

本案中，首先，某直播平台事先尽到了告知义务，明确公示“禁止进行站外交易”，事后及时采取有效措施，尽到了监督义务。在无证据证明该直播平台参与欺诈消费者的情形下，该直播平台无须对乔某峰的损失承担责任。

其次，李某娅在直播期间持续挂有“小黄车”，该行为可视为其利用主播身份不断为商家导流宣传推广，具有对外销售获利的主观意图，其具有经营者身份。李某娅私下直播带货交易行为可视为其利用主播身份导流并实现流量变现，应认定为经营行为。

乔某峰在购买手机前观看李某娅直播已持续半年，对李某娅心存信赖，遂通过直播间购买该同款手机。此时，乔某峰不再是单纯的“流量”，而是网络购物合同的买方；李某娅是网络购物合同的卖方，应依约全面履行合同，否则承担违约责任、赔偿责任。乔某峰收到手机后发现其性能明显与直播间宣称的性能不符，根据合同相对性原则，乔某峰有权要求合同相对人李某娅承担违约责任、赔偿责任。

再次，李某娅作为经营者实施欺诈行为，使乔某峰陷入错误认识而购买仿冒手机，应对经营者李某娅实施惩罚性赔偿。故李某娅应全额退还乔某峰的购机款，并支付购机款三倍的赔偿款以及乔某峰维权的合理开支。

案例四十：不动产所有权人与第三人恶意串通案

汪某国为筹集资金投资移民，决定以1000万元人民币出售其一栋别墅。周某华在朋友圈中看到了该推送广告，遂联系汪某国。双方在合同中约定，如果周某华于2021年4月10日交付全款的一半，则于当年的5月30日办理过户登记手续，且交付剩下的一半房款。进入5月后该片区房价暴涨，汪某国觉得自己卖亏了，于是，其又与妻弟陈某卓协商，假意另订立一份房屋买卖合同并办理过户登记、交付钥匙；待与周某华的合同解除后，陈某卓再将房屋予以归还。

问题：周某华应该如何保护并实现自己的合同权利？

分析：周某华可以向汪某国住所地的人民法院申请，请求确认汪某国和陈某卓的房屋买卖合同无效，并要求汪某国继续履行合同义务。

《最高人民法院关于审理商品房买卖合同纠纷案件适用法律若干问题的解释》第七条规定，买受人以出卖人与第三人恶意串通，另行订立商品房买卖合同并将房屋交付使用，导致其无法取得房屋为由，请求确认出卖人与第三人订立的商品房买卖合同无效的，应予支持。

本案中，汪某国和陈某卓恶意串通，订立的买卖合同是虚假的意思表示，该买卖合同无效。周某华可以请求人民法院确认汪某国和陈某卓的合同无效、撤销过户到陈某卓名下的不动产登记，并要求汪某国承担违约责任，继续履行合同义务，即配合周某华办理别墅的过户登记手续。

案例四十一：不动产买卖合同纠纷案

李某芳于2021年5月13日向张某鑫购买一套价值300万元的商品房，已经支付100万元价款，双方约定余款待过户手续办理完毕后一次性付清。一个月后张某鑫反悔，同年7月13日，张某鑫提出愿意承担合同约定的违约金责任而不再交房。李某芳不同意，起诉至人民法院，要求张某鑫继续履行合同，协助办理房屋所有权的变更手续。

问题：人民法院支持李某芳的诉讼请求吗？

分析：人民法院支持李某芳的诉讼请求。张某鑫应依约全面、实际履行合同。

民法典第五百零九条规定，当事人应当按照约定全面履行自己的义务。

当事人应当遵循诚信原则，根据合同的性质、目的和交易习惯履行通知、协助、保密等义务。

当事人在履行合同过程中，应当避免浪费资源、污染环境和破坏

生态。

第五百八十条规定，当事人一方不履行非金钱债务或者履行非金钱债务不符合约定的，对方可以请求履行，但是有下列情形之一的除外：

（一）法律上或者事实上不能履行；

（二）债务的标的不适于强制履行或者履行费用过高；

（三）债权人在合理期限内未请求履行。

有前款规定的除外情形之一，致使不能实现合同目的的，人民法院或者仲裁机构可以根据当事人的请求终止合同权利义务关系，但是不影响违约责任的承担。

上述法条说明，首先，合同当事人应当在适当的履行期限，以适当的方式全面履行债务。其次，合同当事人应当按照约定的标的物实际履行债务，不得动辄以其他形式替代履行。对于非金钱债务，原则上适用实际履行原则，除非有法律规定的三种例外情形。除了该三项例外，债务人必须按照合同约定的标的实际履行，不能以承担违约责任的方式来替代实际履行义务。

本案中，李某芳与张某鑫之间的商品房买卖合同有效，张某鑫的合同义务是协助办理房屋过户登记手续。该项义务不属于法律上或者事实上不能履行的情形。债权人李某芳在合理期限内请求张某鑫履行义务，且办理房屋过户登记手续能够适用于强制履行。故该项合同义务不属于法定的例外情形。根据合同实际履行原则，张某鑫应当继续履行合同，即办理过户登记手续。

现实生活中，如张某鑫拒不配合办理过户登记手续，李某芳可要求张某鑫支付合同约定的违约金。根据民法典第五百八十五条的规定、《最高人民法院关于审理商品房买卖合同纠纷案件适用法律若干问题的解释》第十二条的规定，约定的违约金以补偿性为其基本属性。如果约定的违约金小于实际损失的，当事人可请求增加；过分高于损失的，当事人可请求适当减少；高于损失但不过分的（违约金未超过造成的损失的 30%），法律尊重当事人意思自治。

如果李某芳和张某鑫在买卖合同中既约定了 80 万元的违约金条款，又约定了 50 万元的定金条款，张某鑫拒不履行合同义务导致合同目的落空，给李某芳造成的实际损失是 65 万元，李某芳向张某鑫主张违约责任时是适用违约金条款还是定金条款，或者同时适用呢？

民法典第五百八十八条规定，当事人既约定违约金，又约定定金的，一方违约时，对方可以选择适用违约金或者定金条款。

定金不足以弥补一方违约造成的损失的，对方可以请求赔偿超过定金数额的损失。

本案中的守约方李某芳只能在违约金条款和定金条款中择一主张违约责任，但李某芳可选择以最利己的方式追究张某鑫的违约责任。

方案一：李某芳可选择 80 万元的违约金条款。80 万元违约金虽高于 65 万元的实际损失但不过分（违约金 80 万元－实际损失 65 万元＜30％×65 万元），同时要求张某鑫返还 50 万元的定金。李某芳能得到的金额为 80＋50＝130 万元。

方案二：李某芳可选择 50 万元的定金条款。根据民法典第五百八十七条规定的定金罚则，收受定金的一方不履行债务或者履行债务不符合约定，致使不能实现合同目的的，应当双倍返还定金。故张某鑫应给付 100 万元。李某芳能得到的金额为 50×2＝100 万元。

案例四十二：售楼部虚假宣传案

2020 年 9 月，健身爱好者陈某闻因某丽公司售楼部展示的金秋小区模型中的大型健身房和恒温游泳池而被吸引，遂挑选了该小区的一套商品房，并与某丽公司订立了商品房买卖合同。2022 年 7 月交房时，他想去看看健身房和游泳池建设得如何，然而被告知小区的规划图纸中根本没有健身房和游泳池。

问题：陈某闻有几种方式救济自己的合法权益？

分析：陈某闻有两种方式救济自己的合法权益。第一，陈某闻可以请求人民法院或仲裁机构撤销该商品房买卖合同，退房退款，并有权请求某丽公司承担缔约过失责任。第二，陈某闻可以解除合同，退房退款，并有权请求某丽公司承担违约损害赔偿责任。陈某闻验收商品房时，金秋小区根本没有健身房和游泳池，某丽公司构成根本违约。

民法典第一百四十八条规定，一方以欺诈手段，使对方在违背真实意思的情况下实施的民事法律行为，受欺诈方有权请求人民法院或者仲裁机构予以撤销。

第一百五十七条规定，民事法律行为无效、被撤销或者确定不发生效力后，行为人因该行为取得的财产，应当予以返还；不能返还或者没有必要返还的，应当折价补偿。有过错的一方应当赔偿对方由此所受到的损失；各方都有过错的，应当各自承担相应的责任。法律另有规定的，依照其规定。

第五百六十三条规定，有下列情形之一的，当事人可以解除合同：

（一）因不可抗力致使不能实现合同目的；

（二）在履行期限届满前，当事人一方明确表示或者以自己的行为表明不履行主要债务；

（三）当事人一方迟延履行主要债务，经催告后在合理期限内仍未履行；

（四）当事人一方迟延履行债务或者有其他违约行为致使不能实现合同目的；

（五）法律规定的其他情形。

本案中，某丽公司售楼部存在虚假宣传，故意告知买房者有大型健身房和恒温游泳池，导致买房者认识错误而签订商品房买卖合同，并交付房款。某丽公司构成欺诈，合同相对人陈某闻享有撤销权，即请求人民法院或仲裁机构撤销该合同。合同被撤销后，双方当事人应退房退钱，恢复到合同订立之前的状态。而且某丽公司作为过错方应当承担缔约过失责任，以弥补陈某闻由此所受到的损失。

陈某闻也可选择放弃撤销权，则该商品房买卖合同继续有效且最终有效。对于有效的合同，陈某闻可以因某丽公司的行为构成根本违约而享有解除合同的权利。陈某闻购买该商品房是因为小区模型中有健身房和游泳池，但交房时两者都没有，致使买卖合同的目的不能实现。合同被解除后，双方退房退款恢复原状，而且某丽公司应承担违约损害赔偿责任。

案例四十三：未备案的房屋租赁合同案

某江市居民姬某湛于 2015 年将其自有私房出租给外来务工人员何某普，二人订立书面租赁合同，约定租期 10 年，每半年支付一次租金。该租赁合同未登记。2021 年，姬某湛为增加收入，决定将私房改造成旅馆，想提前解除租赁合同但又不想支付违约金。后经邻居告知，在本市出租房屋需要办理备案登记手续，否则租赁合同无效。于是姬某湛向人民法院起诉，申请确认其与何某普的房屋租赁合同无效。

问题：姬某湛与何某普之间的房屋租赁合同效力如何？

分析：该合同有效。

《中华人民共和国城市房地产管理法》第五十四条规定，房屋租赁，出租人和承租人应当签订书面租赁合同，约定租赁期限、租赁用途、租赁价格、修缮责任等条款，以及双方的其他权利和义务，并向房产管理部门登记备案。

民法典第七百零六条规定，当事人未依照法律、行政法规规定办理租赁合同登记备案手续的，不影响合同的效力。

《中华人民共和国城市房地产管理法》旨在规范房地产市场的行政管理，其属于管理性规范而非效力性规范。民法典是上位法，当事人没有办理该备案登记手续并不当然导致合同无效。也就是说，没有在相关房产部门进行备案登记，可能会导致行政行为的相对人承担不利后果，但平等主体之间的租赁合同仍然有效。

本案中，姬某湛和何某普的房屋租赁合同应该去相关部门备案，但实践中备案登记的很少。没有备案可能不便于房产部门的行政管理，但绝不妨碍该合同在民法上的已生效力。如果姬某湛想提前解除合同，须承担事先约定的违约责任。如果合同中未约定违约责任，姬某湛可与何某普协商解除合同事宜，合理赔偿何某普的损失。

案例四十四：债务人拒绝办理登记之不动产抵押合同案

孙某鹤为扩大其有机农副产品的种植面积，于2021年10月10日向老乡于某笙借款100万元人民币，借款期限为两年。借款合同签订后孙某鹤还与于某笙签订抵押合同，抵押物为孙某鹤的自有房屋。双方签字后于某笙向孙某鹤转账100万元。此后，孙某鹤一直拒绝办理抵押登记，两年到期后也未偿还借款。

问题：于某笙能对孙某鹤的房产予以拍卖、变卖或折价吗？

分析：不可以，因为于某笙尚未取得该房产的抵押权。

民法典第二百一十五条规定，当事人之间订立有关设立、变更、转让和消灭不动产物权的合同，除法律另有规定或者当事人另有约定外，自合同成立时生效；未办理物权登记的，不影响合同效力。

第四百条第一款规定，设立抵押权，当事人应当采用书面形式订立抵押合同。

第四百零二条规定，以本法第三百九十五条第一款第一项至第三项规定的财产或者第五项规定的正在建造的建筑物抵押的，应当办理抵押登记。抵押权自登记时设立。

上述法条说明，不动产物权变动合同一般自合同成立时生效，未办理物权登记的，不影响合同的生效；不动产抵押只有办理了登记，不动产抵押权才设立并生效，产生物权效力。

本案中，孙某鹤与于某笙签订的抵押合同成立且生效，孙某鹤应配合于某笙办理抵押登记手续。孙某鹤拒绝办理，于某笙可以请求其继续履行合同，办理抵押登记。抵押登记办理完毕，于某笙才享有抵押权。孙某鹤到期不偿还贷款的，于某笙可以拍卖、变卖或折价该房产以优先受偿。孙某鹤拒绝办理抵押登记的，于某笙可基于生效合同请求孙某鹤承担违约损害赔偿责任。

案例四十五：具有合法利益的第三人代为履行案

某物流公司与吴某刚于2021年签订货物运输合同，约定该公司的郑州运输业务由吴某刚承接，且只与吴某刚结算。至于郑州区域内的调度车辆、雇佣货运司机的费用由吴某刚结算。

该物流公司与吴某刚之间第四季度的运费大部分已结清，但吴某刚还未及时向承运司机柯某昌结清运费。2021年12月某日，柯某昌在承运过程中对货物进行扣留。由于该批货物是生鲜水果，极易腐烂，该物流公司向柯某昌垫付了吴某刚欠付的46万元，并通知吴某刚，吴某刚对此未表示异议。

后吴某刚仅向该物流公司支付了6万元。该物流公司向吴某刚追偿余款未果，遂向人民法院起诉，要求吴某刚偿还剩余的40万元。

问题：人民法院支持某物流公司的诉讼请求吗？

分析：人民法院支持某物流公司的诉讼请求，该物流公司有权向吴某刚追讨剩余的40万元。

民法典第五百二十四条规定，债务人不履行债务，第三人对履行该债务具有合法利益的，第三人有权向债权人代为履行；但是，根据债务性质、按照当事人约定或者依照法律规定只能由债务人履行的除外。

债权人接受第三人履行后，其对债务人的债权转让给第三人，但是债务人和第三人另有约定的除外。

上述法条说明，民法典合同编新增的具有合法利益的第三人代为履行的规定，对于确保各交易环节有序运转、促进债权实现、维护交易安全、优化营商环境具有重要意义。

本案中，吴某刚欠承运司机柯某昌运费。吴某刚未及时结清运费，柯某昌对承运货物予以扣留。此乃生鲜水果，扣留越久，水果腐烂越多，某物流公司的损失越大。故该物流公司对该笔货物具有合法利益。基于此种情形，该物流公司代吴某刚向柯某昌支付吴某刚所欠付的运费。

结清运费后，该物流公司依法取得柯某昌对吴某刚的债权，即该物流公司有权向吴某刚追偿46万元，而吴某刚仅交付了6万元，故人民法院支持该物流公司的诉讼请求，要求吴某刚继续偿还剩余的40万元。

案例四十六：所有权保留买卖案

王某励买了一辆新能源轿车“汉”，遂决定将自己的旧车本田雅阁以12万元的价格卖给司某钟，约定六个月分期付款，每月支付2万元；还约定在此期间王某励将本田雅阁先交给司某钟使用，但该辆轿车的所有权须等司某钟付清全款后再移转给他。两个月后，王某励听说同事云某达想买二手车，遂主动联系云某达，又将本田雅阁以15万元的价格卖给对方，并告知云某达找司某钟取车。

问题：云某达能取得这辆本田雅阁的所有权吗？

分析：云某达能取得这辆本田雅阁的所有权。

民法典第六百四十一条规定，当事人可以在买卖合同中约定买受人未履行支付价款或者其他义务的，标的物的所有权属于出卖人。

出卖人对标的物保留的所有权，未经登记，不得对抗善意第三人。

本案中，王某励和司某钟之间的合同属于所有权保留买卖。在所有权保留买卖期间，该辆轿车的所有权仍属于王某励，因此王某励有权处分自己的轿车，即其有权将该车卖给云某达，云某达继受取得该辆轿车的所有权。司某钟基于其与王某励之间的生效合同，有权请求王某励承担违约损害赔偿责任。

案例四十七：试用买卖合同案

某森公司从5月份开始在某广场的一楼开启展销会活动，其中一名营业员宁某芳向消费者主推一款不伤发吹风机。同在该广场进驻的美发店老板毛某静提出试用两个星期后再决定购买与否，营业员宁某芳同意，并将吹风机交付给毛某静。在试用期的第5天，营业员宁某芳将该款吹风机卖给慕名而来的韦某曾，并告知毛某静将吹风机交付给韦某曾。

问题：韦某曾能取得该款吹风机的所有权吗?

分析：韦某曾继受取得该款吹风机的所有权。

民法典第六百三十八条第一款规定，试用买卖的买受人在试用期内可以购买标的物，也可以拒绝购买。试用期限届满，买受人对是否购买标的物未作表示的，视为购买。

第六百四十条规定，标的物在试用期内毁损、灭失的风险由出卖人承担。

上述法条说明在试用期间，出卖人是标的物的所有权人。试用期间出卖人和买受人之间没有生效合同的约束力。只有试用人同意购买，该买卖合同才生效。

本案中，在试用期两个星期内，该款吹风机的所有权归某森公司，其营业员宁某芳有权出售自家的商品给韦某曾。因而，韦某曾继受取得该款吹风机的所有权。

案例四十八：试用买卖期间买受人同意购买案

某森公司从5月份开始在某广场的一楼开启展销会活动，其中一名营业员宁某芳向消费者主推一款不伤发吹风机。同在该广场进驻的美发店老板毛某静提出试用两个星期后再决定购买与否，营业员宁某芳同意，并将吹风机交付给毛某静。在试用期的第 3 天，毛某静将该款吹风机卖给前来美发的顾客那某欢并完成交付。

问题：那某欢能取得该款吹风机的所有权吗？

分析：那某欢继受取得该款吹风机的所有权。

民法典第六百三十八条第二款规定，试用买卖的买受人在试用期内已经支付部分价款或者对标的物实施出卖、出租、设立担保物权等行为的，视为同意购买。

本案中，毛某静在试用期内将吹风机卖给了那某欢。毛某静是以自己的出售行为确定了其与某森公司的买卖合同成立且生效，则此时毛某静是该款吹风机的所有权人。作为所有权人，毛某静有权处分该标的物，则那某欢继受取得该款吹风机的所有权。

那某欢不构成善意取得，因为善意取得的构成要件之一是无处分权人将不动产或者动产转让给受让人，结合案情考量，试用人毛某静在试用期间的出卖行为说明该款吹风机的所有权已从某森公司移转到毛某静，毛某静作为新的所有人有权将该款吹风机再卖给那某欢，此乃有权处分而非无权处分，故不适用善意取得。

案例四十九：债权人行使代位权案

王某璐与金某昆是一对夫妻，王某璐因身体不好，2022 年在老家休养，未随丈夫金某昆去温州务工。五一前后，王某璐生病，因手头拮据，向邻居张某厚借了 3000 元人民币，约定 2022 年年底卖猪还钱。然而，猪瘟导致猪肉价格极低，王某璐家的整头猪只卖了 1000 元。王某璐又无其他财产。后张某厚得知金某昆去外地务工前曾与王某璐约定好每半年汇款 6000 元，而金某昆迟迟未汇 2022 年下半年的扶养费，王某璐也未催要该笔款项。遂张某厚于 2023 年 1 月 15 日打电话给金某昆，要求金某昆将扶养费 3000 元直接打入自己账户。

问题：张某厚为实现自己对王某璐的到期债权，能向金某昆行使代位权吗？

分析：张某厚不可以向金某昆行使代位权。

民法典第五百三十五条规定，因债务人怠于行使其债权或者与该债权有关的从权利，影响债权人的到期债权实现的，债权人可以向人民法院请求以自己的名义代位行使债务人对相对人的权利，但是该权利专属于债务人自身的除外。

代位权的行使范围以债权人的到期债权为限。债权人行使代位权的必要费用，由债务人负担。

相对人对债务人的抗辩，可以向债权人主张。

上述法条说明，如果债务人对次债务人的债权具有人身专属性，则债务人的债权人不得行使代位权。人身性债权是指基于抚养关系、赡养关系、扶养关系等产生的给付请求权和劳动报酬、退休金、养老金、抚恤金、安置费、人寿保险、人身伤害赔偿请求权等权利。

本案中，尽管债权人张某厚对债务人王某璐的债权已到期，债务人王某璐对次债务人金某昆的债权也到期，但债务人王某璐的到期债权是基于夫妻之间的扶养关系而产生的，具有人身专属性。故张某厚不能向金某昆行使代位权。

事实上，我国民法典确定了日常家事代理权制度。**民法典第一千零六十条第一款规定，夫妻一方因家庭日常生活需要而实施的民事法律行为，对夫妻双方发生效力，但是夫妻一方与相对人另有约定的除外。**结合案情考量，王某璐借钱3000元是为家庭日常之生活需要，且王某璐未与张某厚约定此乃个人债务，故该借钱行为对丈夫金某昆亦发生法律效力，即3000元是夫妻共同债务，张某厚有权要求金某昆履行到期债务。

案例五十：债权人行使撤销权案

李某言看好当前的粮油期货市场，苦于手头资金不足，遂向朋友张某咨借款40万元人民币，书面约定两个月内一定还钱。然而，两个月后李某言的账户资金被套牢，无法按期还债。李某言请求张某咨再宽限一个月，张某咨勉强答应。在宽限期的第三天，李某言将名下仅有的一辆价值45万元左右的奔驰轿跑赠送给表哥黄某成，黄某成以为李某言炒期货成功了，遂欣然接受这辆奔驰轿跑。

问题：（1）张某咨能请求人民法院撤销李某言对黄某成的赠与行为吗?

（2）假如李某言还有银行定期存款50万元，张某咨还能行使撤销权吗?

分析：（1）张某咨能请求人民法院撤销李某言的赠与行为。

（2）张某咨不能再行使撤销权。

民法典第五百三十八条规定，债务人以放弃其债权、放弃债权担保、无偿转让财产等方式无偿处分财产权益，或者恶意延长其到期债权的履行期限，影响债权人的债权实现的，债权人可以请求人民法院撤销债务人的行为。

第五百四十条规定，撤销权的行使范围以债权人的债权为限。债权人行使撤销权的必要费用，由债务人负担。

上述法条说明，债务人减少自己的责任财产须达到危及债权人债权实现的程度。

（1）本案中，债权人张某咨对债务人李某言的债权已到期，李某言仅有一辆奔驰轿跑，但仍将其赠与表哥黄某成，客观上恶意减少了自己的责任财产，且已危害张某咨债权的实现。此时，张某咨可请求人民法院撤销李某言的赠与行为，从而确保李某言责任财产的安全和充足。

（2）如果除了奔驰轿跑，李某言还有银行定期存款50万元，则说明李某言处分奔驰轿跑的行为不足以危害张某咨债权的实现，此时张某咨不能再行使撤销权。李某言的赠与行为是其真实意志的表达，法律予以肯定和保护。

案例五十一：托运人虚报货物价值、在途货物发生毁损案

某医疗器械公司将一批价值50万元人民币的呼吸机交由某物流公司运输，但该医疗器械公司在货运单中的保价栏中，填写的货物价值为20万元。物流公司接收这批货物后，擅自转交给他人实际运输。然而，司机在运输途中因夜间行驶操作不当发生车辆侧翻，导致货物全部毁损。

该医疗器械公司与物流公司就损失赔偿事宜协商未果，遂将该物流公

司诉至人民法院，要求对方按照货物实际价值50万元进行赔偿。该医疗器械公司认为，物流公司擅自将承运业务转包，存在重大过失，不适用保价限赔条款，应当按照实际价值全额赔偿。

物流公司认为，医疗器械公司虚报货物价值，若按50万元承担赔偿责任，有悖公平原则，应当按照保价金额处理赔偿事宜。

问题：50万元的货物损失由谁来承担？

分析：医疗器械公司自担40%的责任；物流公司承担60%的赔偿责任，即其向医疗器械公司赔偿损失30万元。

民法典第五百零六条规定，合同中的下列免责条款无效：

（一）造成对方人身损害的；

（二）因故意或者重大过失造成对方财产损失的。

第五百九十二条规定，当事人都违反合同的，应当各自承担相应的责任。

当事人一方违约造成对方损失，对方对损失的发生有过错的，可以减少相应的损失赔偿额。

本案中，依法成立且生效的合同对双方当事人均具有法律约束力，某物流公司和某医疗器械公司应该依照合同约定，全面适当履行各自的义务。该合同包含保价条款，保价条款属于限制赔偿责任条款，一定程度上免除了承运人实际赔偿的责任，也限制了托运人的权利。如果承运人在实际承运过程中存在故意或重大过失导致货物毁损的，该保价条款应属无效。

某物流公司作为承运人，将案涉业务擅自转包，扩大了货物受损的风险，且实际承运人的驾驶员操作不当是造成事故的根本原因，对该事故应负全部责任。因此，物流公司构成重大过失，该保价条款应属无效。故物流公司应当按照案涉货物的实际价值承担赔偿责任。

但同时，该医疗器械公司也存在明显过错，其未如实声明案涉货物的价值。对20万元和50万元的货物，物流公司的收费标准必然不同，所采取的承运方式以及需要尽到的注意义务也不尽相同。该医疗器械公司的虚报行为影响了物流公司的合理判断，进而造成实际承运中的货物损失，其应当承担与其过错相当的责任。

综上分析，物流公司应承担主要责任，而医疗器械公司因其过错应承担次要责任，即物流公司承担60%的赔偿责任，其向该医疗器械公司赔偿损失30万元，该医疗器械公司自担20万元的损失。

案例五十二：员工奔丧被用人单位解雇案

杨某白是上海某物业公司的保安。2021年1月6日，因父亲病重，杨某白向其主管提交了1月6日至13日的请假单后赶回某安老家。次日，因接到公司未批假的通知，杨某白立即返回上海。在返回上海的途中，杨某白得知了父亲去世的消息。他向主管进行了汇报，主管让他安心回家为父亲料理后事，杨某白遂再次回家。之后，公司未再联系过杨某白。1月14日，杨某白返回上海，次日上班。

1月31日，公司以杨某白旷工累计已达3天为由解除与其的劳动关系。杨某白申请劳动仲裁，要求该公司支付违法解除劳动合同赔偿金等。仲裁委裁决该物业公司支付违法解除劳动合同赔偿金7.5万余元。该公司不服，起诉至人民法院。

问题：人民法院支持该物业公司的诉讼请求吗？

分析：人民法院不支持该物业公司，并驳回其诉讼请求。该公司应向杨某白支付违法解除劳动合同赔偿金7.5万余元。

民法典第八条规定，民事主体从事民事活动，不得违反法律，不得违背公序良俗。

第五百六十五条第一款规定，当事人一方依法主张解除合同的，应当通知对方。合同自通知到达对方时解除；通知载明债务人在一定期限内不履行债务则合同自动解除，债务人在该期限内未履行债务的，合同自通知载明的期限届满时解除。对方对解除合同有异议的，任何一方当事人均可以请求人民法院或者仲裁机构确认解除行为的效力。

本案中，杨某白与该物业公司存在劳动合同关系，杨某白有自觉维护该物业公司劳动秩序、遵守该公司规章制度的义务。与此同时，该公司须依法恰当把握管理权的边界，行使管理的方式亦应善意、宽容及合理。

杨某白请假事出有因，其回老家为父亲操办丧事，符合中华民族传统人伦道德和民风民俗。而且，从遵守公司规章制度的角度分析，杨某白已经向其主管汇报，主管让其安心回家料理后事，这应推定为代表公司的一种态度，即视为同意事假。如果该公司与主管的意见不一致，就有另行通知的义务。由于杨某白与其主管双方未明确假期天数，可以结合杨某白之前提交的请假单，弹性把控事假天数的范围，故应认定杨某白的假期有效更为适宜。

该公司强调管理的规范性，也要以人为本，合情合理地发挥自主管理的效能，应以普通善良人的宽容心、同理心对待员工；尊重民俗、体恤员工的具体困难与不幸。如果杨某白的请假程序存在瑕疵，该公司可以主动弥补，明确具体天数后及时告知对方。如果杨某白在一个基本合理的时间返岗复工，并未滥用这一瑕疵，则公司不应做出过度反应。但该公司罔顾事件背景缘由，机械适用规章制度，严苛施行用工管理规则，违法解除与杨某白的劳动合同，存在明显不当。

故人民法院不支持该物业公司的诉讼请求，物业公司应向杨某白支付违法解除劳动合同所应承担的赔偿责任。这彰显了民法典维护劳动者合法利益、尊重善良风俗的法治理念。

案例五十三：合同履行中情势变更案

外省务工人员赵某统在某市开烧烤店10年有余，小有积蓄，其决定在该市买房成家。2021年9月，赵某统与某福房地产公司签订了一份商品房买卖合同，随即依约向该房地产公司支付了首付款20万元人民币。后因国家出台房地产调控政策，赵某统因没有本地户籍而不具备购房资格，某福房地产公司与赵某统之间的房屋买卖合同不能继续履行。

问题：赵某统有权请求解除合同吗？

分析：赵某统有权请求解除合同。

民法典第五百三十三条规定，合同成立后，合同的基础条件发生了当事人在订立合同时无法预见的、不属于商业风险的重大变化，继续履行合同对于当事人一方明显不公平的，受不利影响的当事人可以与对方重新协商；在合理期限内协商不成的，当事人可以请求人民法院或者仲裁机构变更或者解除合同。

人民法院或者仲裁机构应当结合案件的实际情况，根据公平原则变更或者解除合同。

本案中，房地产调控政策的出台是当事人订立合同时无法预见的，更不属于商业风险合理预见的范畴，此种情况属于情势变更。在合同履行的过程中，因情势变更导致合同目的根本无法实现的，当事人赵某统有权向人民法院申请解除合同，某福房地产公司应将首付款 20 万元返还给赵某统。

案例五十四：赠与人撤销赠与案

2019 年，金某娟的老宅被拆迁，其丈夫和儿子已于多年前过世，女儿也放弃了拆迁利益，拆迁安置对象只有金某娟与其儿媳云某容、孙女方某园三人。她们签订了人民调解协议，约定老宅拆迁所得的房产全部归孙女方某园所有，方某园则需提供一套小户安置房屋，并简单装修后交给金某娟无条件居住，同时方某园需承担对金某娟的赡养义务。2020 年底，拆迁所得 3 套房屋均登记于方某园名下，并如约将其中一套房屋交付金某娟居住。

然而，方某园拿到拆迁房后却从未探望、照顾祖母，年逾七旬的金某娟长期独居，身体每况愈下。2022 年 2 月，金某娟无奈将该房出租给时某傅，并签订房屋租赁合同。自己搬至养老院生活，房租用来贴补养老院费用。出租前，金某娟明确告知时某傅，房屋是孙女的拆迁安置房并出示了人民调解协议。

半年后，方某园得知祖母金某娟已将房屋出租并搬至养老院，她认为根据人民调解协议内容，金某娟已明确放弃该房屋所有权，金某娟虽可以无条件居住，但无权将房屋出租并受益。

在未与祖母沟通的情况下，方某园将时某傅诉至人民法院，并增列金某娟为第三人，请求确认其二人签订的租赁合同无效，要求时某傅立即搬出。本案审理过程中，金某娟向人民法院主张撤销其对孙女方某园 3 套安置房的赠与。

问题：（1）金某娟与时某傅签订的房屋租赁合同有效吗？方某园有权要求时某傅立即搬出该房屋吗？

（2）金某娟有权撤销对孙女方某园的赠与吗？

分析：（1）该房屋租赁合同有效；方某园无权要求时某傅搬出该

房屋。

（2）金某娟有权撤销对孙女方某园的赠与。

民法典第四百六十六条第一款规定，当事人对合同条款的理解有争议的，应当依据本法第一百四十二条第一款的规定，确定争议条款的含义。

第一百四十二条第一款规定，有相对人的意思表示的解释，应当按照所使用的词句，结合相关条款、行为的性质和目的、习惯以及诚信原则，确定意思表示的含义。

第六百六十三条规定，受赠人有下列情形之一的，赠与人可以撤销赠与：

（一）严重侵害赠与人或者赠与人近亲属的合法权益；

（二）对赠与人有扶养义务而不履行；

（三）不履行赠与合同约定的义务。

赠与人的撤销权，自知道或者应当知道撤销事由之日起一年内行使。

（1）本案中，金某娟与其孙女方某园签订的人民调解协议明确约定，该房屋交付金某娟无条件居住。针对“无条件居住”，金某娟与方某园的理解发生争议。方某园认为金某娟虽可以无条件居住，但无权将房屋出租并受益。

从词义角度看，“无条件居住”虽是对使用方式的限定，但探究该协议的目的和真意，从孙女和祖母的关系、拆迁安置房的来源以及祖母出租房屋的原因等多角度进行分析，“无条件居住”与“无条件使用”具有相同的内涵。故方某园除拥有该房屋所有权外，其已将房屋的占有、使用权利让渡给祖母金某娟，则金某娟有权与时某傅签订房屋租赁合同。

案涉房屋在出租时由金某娟占有、使用，其出租房屋补贴养老院费用亦符合常理，故时某傅有理由相信金某娟有出租房屋的权利，则双方签订的房屋租赁合同合法有效。

综合全案分析，方某园主张该租赁合同无效、要求时某傅立即搬出的行为于法无据，且违反了公序良俗。故方某园无权要求时某傅立即搬出该房屋。

（2）金某娟将3套安置房赠与方某园，附加的义务是方某园对其进行赡养，但根据方某园对金某娟的冷漠态度，以及在明知祖母出租房屋用于补贴养老院费用的情况下仍坚持主张该租赁合同无效，均可证明其接受赠与后并未尽到人民调解协议中约定的赡养义务。

受赠人方某园不履行赠与合同中的约定义务，则赠与人金某娟有权向人民法院申请撤销其之前的赠与行为。

案例五十五：乘客身故、网约车司机免责案

2021 年 11 月 22 日 7 时许，周某欣通过某吉出行科技有限公司的网约车 APP 为七十多岁的老父亲老周预约了一辆网约车。

7 时 10 分左右，老周上车并与驾驶员曹某康闲谈片刻，7 时 12 分 50 秒，老周开始发出鼾声。7 时 13 分 25 秒，司机曹某康转头发现老周仍在发出鼾声并且胳膊伴有抽筋状。7 时 14 分 33 秒，司机再次转头看时，老周的头靠在副驾驶座椅后背上，不再发出鼾声。

7 时 15 分 12 秒，曹某康停车并打电话给周某欣，告知其父亲在车上好像睡着了，刚刚有打鼾的声音，且伴有抽筋的状况，并询问老周的身体状况。周某欣回复称其父亲身体很好，今天起床早，可能是睡着了，并让曹某康呼喊老周。随后，曹某康拍了拍老周的左臂并呼喊老周，老周没有任何反应。周某欣要求曹某康尽快将老周送往人民医院并拨打 120 急救电话。曹某康立即拨打了 120 急救电话，并全程鸣笛快速行驶，于 7 时 25 分 50 秒到达医院。老周经过医院 80 多分钟的抢救，于 8 时 54 分被医院宣告临床死亡，死亡原因为心源性猝死。

周某欣将曹某康和某吉出行科技有限公司共同诉至人民法院。周某欣认为，其父在乘坐曹某康驾驶的车辆过程中突发疾病，但曹某康未予理会也没有采取任何救治措施，最终延误救治导致其父亲死亡，故曹某康应对其父的死亡承担 50% 的赔偿责任。某吉出行科技有限公司作为网约车平台公司，承担承运人责任，应当保证运营安全，保障乘客合法权益。由于其未尽到相关义务，应对曹某康的赔偿责任承担连带责任。

网约车司机曹某康辩称，周某欣父亲的死因是心源性猝死，是自身疾病所致，而且其已经尽到了相应的救助义务。网约车平台公司辩称，周某欣父亲的死亡是自身疾病导致，网约车公司没有过错，不应承担赔偿责任。而且，曹某康发现周某欣父亲出现异常后，通过下单电话联系了周某

欣，并立即按照周某欣的指示将其父亲送往附近医院进行抢救，已经尽到了合理的救助义务。

问题：人民法院支持周某欣的诉讼请求还是驳回其诉讼请求？

分析：人民法院应当驳回周某欣的诉讼请求。

民法典第八百二十二条规定，承运人在运输过程中，应当尽力救助患有疾病、分娩、遇险的乘客。

第八百二十三条规定，承运人应当对运输过程中旅客的伤亡承担赔偿责任；但是，伤亡是旅客自身健康原因造成的或者承运人证明伤亡是旅客故意、重大过失造成的除外。

第一千一百六十五条规定，行为人因过错侵害他人民事权益造成损害的，应当承担侵权责任。

上述法条说明，乘客的伤亡，如果是承运人或者第三人原因造成的，承运人应当承担赔偿责任；如果是乘客自身原因或者自身过错造成的，而承运人履行了尽力救助的义务，则承运人可免责。

判断司机是否履行尽力救助义务，应当以社会普通人的一般认知来判断，而不能苛求司机像专业医生一样立刻对疾病作出准确判断。同时司机发现乘客发病后，应当尽快将乘客送医救治，不能耽误时间。如果司机做到及时发现和及时送医，那么对乘客因自身原因造成的伤亡则免除责任。

本案中，周某欣的父亲因自身健康原因突发疾病，司机曹某康发现异常后立即联系周某欣询问其父的健康状况，而且立即拨打 120 急救电话，并全程鸣笛、快速驾驶将老周就近送医抢救。在此过程中，司机曹某康反应迅速，没有耽误抢救时间，已经履行了尽力救助的法定义务。

从运输合同角度分析，老周的死亡是其自身原因所致，司机曹某康履行了尽力救助义务，不存在违约行为，无须承担违约损害赔偿责任。

从侵权角度分析，司机曹某康不存在过错，无须承担侵权损害赔偿责任。故人民法院应当驳回周某欣的诉讼请求，即曹某康和某吉出行科技有限公司无须对老周的死亡结果承担赔偿责任。

这一案例说明，损害发生后，如果没有法定理由，受害人不得随意要求他人承担责任，更不能将自身风险转嫁给他人承担，否则社会公众将无法预判自己的行为后果，司法公信力也将受到损害。

案例五十六：用人单位承担缔约过失责任案

准备跳槽的郭某达与某润股份有限公司协商，确定担任该公司董事会秘书一职。新公司通过电子邮件向郭某达发送了录用通知书，内容包含入职岗位、薪酬待遇、报到时间等，同时要求郭某达报到时提供上家离职证明等材料，并注明“此录用通知经您签字，并由公司确认后正式生效”。郭某达回复邮件“收到”后，于第二日向老东家提交辞职报告并办理了离职手续。

当郭某达前往新公司报到时，新公司却突然反悔，表示不予录用。郭某达认为新公司有违诚信，应赔偿其损失。但某润股份有限公司认为，郭某达只回复“收到”，未在录用通知书上签字，劳动关系未成立，其无须向郭某达承担赔偿责任。

双方各执己见，无法达成和解，后调解也告失败。郭某达以某润股份有限公司违背诚信，应当承担缔约过失责任为由将其诉至人民法院。

问题：某润股份有限公司应向郭某达承担缔约过失责任吗？

分析：某润股份有限公司应当承担缔约过失责任。

民法典第七条规定，民事主体从事民事活动，应当遵循诚信原则，秉持诚实，恪守承诺。

第五百条规定，当事人在订立合同过程中有下列情形之一，造成对方损失的，应当承担赔偿责任：

（一）假借订立合同，恶意进行磋商；

（二）故意隐瞒与订立合同有关的重要事实或者提供虚假情况；

（三）有其他违背诚信原则的行为。

本案中，从劳资双方地位而言，劳动者与用人单位在缔约过程中，虽双方当事人均享有缔约自由、互为选择的权利，但相对于用人单位，劳动者一方处于弱势。也就是说，与某润股份有限公司相比较，郭某达处于弱势，其所承担的风险远高于该公司，故某润股份有限公司应承担更多的谨慎义务。一旦发出录用通知，就应当重承诺、守约定。如确因客观原因无法录用，应及时撤回录用通知书，避免产生缔约过失责任或者尽可能减少相对方的损失。

某润股份有限公司发出录用通知书，足以认定双方就希望建立劳动关系达成意思一致。郭某达有理由相信新公司将与其建立劳动关系，并因此辞去此前的工作。现某润股份有限公司无正当理由取消录用，违反诚实信用原则，应承担缔约过失损害赔偿责任。确定赔偿数额时，应综合考量郭某达此前收入水平、另寻工作的合理期间，以及某润股份有限公司的过错程度。

案例五十七：大学生被"套路"营销案

某高校大一女生任某盈在抖音上刷到某影楼推广的民国名媛摄影体验活动。精美绝伦的相册集和59.9元的"心动体验价"让其格外心动。任某盈遂电话至影楼，得到的回复是"59.9元包括服装、化妆、照片，没有任何附加费用"。

任某盈到店后发现59.9元根本达不到广告上的成片效果。影楼店员告知，"1100元套餐的成片效果和最后成品要好很多"。在其推荐劝说下，任某盈与影楼签订了一份1100元的套餐协议，将59.9元体验活动变成了1100元套餐。拍摄中，店员又推销、游说各种服务升级。经不住店员舌灿莲花，任某盈与影楼再签了一份1588元的补充协议。至此，实际消费升级到2688元。

拍摄完毕待到选片时，影楼店员极力劝说任某盈多留几张。订单中原本只包含39张照片，而实际拍摄了300多张，由于选片过程中受到各种干扰，任某盈最终留下了109张。在这波强势推销下，双方又签下了一份2万元的补充协议和两份影楼赠送的《摄影服务合同》。至此，原本59.9元的摄影体验已升级为22 688元的"巨无霸"套餐。

由于付不起高额费用，店员现场引导任某盈开通花呗、分期乐等网贷服务借钱消费。最终，任某盈支付了大部分费用，剩余5000元未能支付。

当晚回到学校后，任某盈越想越后悔，认为自己被强制消费了。回顾拍摄期间，其多次提出删减照片、降低套餐标准，但影楼店员以各种说辞劝说，选片时更是软磨硬泡了近5个小时才得以离店，影楼的行为显然侵犯了自己作为消费者的知情权和选择权。而且，作为在校大学生，自己没有收入来源，实在无力承受。于是，任某盈在当晚就联系选片师，多次提出删减照片，减少费用，都被对方以"合同签好了，照片已发厂家制作，没法修改"为由拒绝。任某盈遂向影楼提出解除所有合同，再次遭到拒绝。

之后，任某盈找到本地消费者权益保护委员会申请调解。该影楼辩称，公司经营规范，所有套餐都是消费者自主选择，属于正常的销售行为，与任某盈订立的合同合法有效，应受到法律保护。如若解除协议，任某盈应承担合同约定总金额的90%的违约责任。

调解无果后，任某盈起诉至人民法院，请求解除双方签订的所有合同，影楼退还已支付的合同价款17 688元，且合同余款5000元不再支付。

问题：人民法院支持任某盈的诉讼请求吗？

分析：人民法院支持任某盈的大部分诉讼请求，即合同余款5000元不再支付，影楼应退还已支付的合同价款15 688元。

民法典第七百七十条规定，承揽合同是承揽人按照定作人的要求完成工作，交付工作成果，定作人支付报酬的合同。

承揽包括加工、定作、修理、复制、测试、检验等工作。

第七百八十七条规定，定作人在承揽人完成工作前可以随时解除合同，造成承揽人损失的，应当赔偿损失。

本案中，双方当事人之间应为承揽合同法律关系，任某盈为定作人，某影楼为承揽人。双方签订的系列协议均系真实意思表示，依法成立并生效。

双方一共签署了五份协议：

第一次是1100元的套餐协议，任某盈请求解除该协议。作为定作人，任某盈享有任意解除权，人民法院予以准许，但考虑到影楼已提供了服装和化妆服务，拍摄了300余张照片且进行了照片简修，产生了一定的工作量，人民法院酌定任某盈赔偿影楼的合理损失。

第二次是1588元的补充协议，任某盈请求解除该协议。作为承揽人，该影楼依约提供了礼服升级、化妆品升级等服务，且拍摄完成，协议履行完毕，缺乏解除合同的基础，人民法院依法不予支持。

第三次是2万元的补充协议及两份《摄影服务合同》。该三份协议签署后，任某盈当晚即就补充协议的履行与该影楼发生争执，后又向该影楼提出解除协议，符合行使任意解除权的法定条件，且影楼并未提交补充协议约定的工作成果。因此，任某盈要求解除该三份协议且余款不再支付的诉讼请求，人民法院予以支持。

故任某盈应向影楼支付2000元，即履行1588元补充协议的合同款项，以及解除1100元套餐协议后，向该影楼赔偿合理损失412元。最终，任某盈不必再支付合同余款5000元；影楼在扣除2000元后，还须向任某盈退还其已支付的合同价款15 688元。

案例五十八：物业公司配合业主安装新能源轿车充电桩案

2021年，范某辰购买了一辆新能源轿车，并由此获赠4S店免费提供充电桩并进行安装的服务。为安装充电桩，范某辰向当地供电单位提交了一份电表安装申请。供电单位告知范某辰，他需要另行提交一份由所在小区物业出具的同意安装证明。

之后，范某辰找到小区物业公司，该物业公司称，范某辰与其签订的物业合同中并未约定物业公司有协助安装充电桩的义务。新能源汽车频繁发生自燃事故，充电桩短路也可能引起自燃，一旦发生自燃，将严重危害小区安全。物业公司因此对范某辰的请求予以拒绝。范某辰多次寻求协调无果后，将该物业公司诉至人民法院。

问题：人民法院支持范某辰的诉讼请求吗？

分析：人民法院支持范某辰的诉讼请求，该物业公司应按要求向范某辰出具证明，并协助其完成充电桩安装的相关事宜。

民法典第九百三十七条第一款规定，物业服务合同是物业服务人在物业服务区域内，为业主提供建筑物及其附属设施的维修养护、环境卫生和相关秩序的管理维护等物业服务，业主支付物业费的合同。

本案中，范某辰与小区物业公司已签订《停车位物业管理服务协议》，双方系物业服务合同关系，在服务内容的确定上，应当以协议为基础，结合诚实信用原则来考量。范某辰与小区物业公司在协议中约定，对未规定的事宜，遵照国家有关法律、法规和规章执行。

近几年，我国大力发展新能源汽车，而充电设施建设是新能源汽车应用推广的重要举措。国家部委相关部门规章均要求物业服务企业在充电设施建设时予以配合、提供便利。

既然部委规章已明确物业企业应予配合，这一要求又通过范某辰与小区物业公司签订的《停车位物业管理服务协议》之“对未规定的事宜，遵照国家有关法律、法规和规章执行”的条款转化为合同义务，则该物业公司应履行为范某辰出具同意安装证明的合同义务，否则该物业公司构成违约，应承担违约责任。

故人民法院支持范某辰的诉讼请求，即该物业公司应按要求向范某辰出具证明，并协助其完成充电桩安装的相关事宜。

案例五十九：物业公司要求新业主承担前业主拖欠的水费、物业费案

2020年12月25日，宁某松从某链房屋中介得知陶某然要出售某小区的一套三室两厅的房屋。后宁某松与陶某然签订了二手房买卖合同，约定一个星期内交付全款并办理过户登记，且宁某松于2021年6月1日搬进该房屋。

2020年12月31日该房屋过户登记到宁某松名下。半年后，宁某松搬进该房屋。他不知道的是该房屋存在未缴纳水费、物业费及滞纳金的情况，累计已达3万元人民币。

物业公司多次向宁某松催缴上述费用，并于2021年7月1日、8月1日两次采取了停水的极端方式，宁某松只能出去住酒店。无奈之下，宁某松将物业公司起诉至人民法院，请求判令物业公司立即停止侵权行为、恢复供水，并承担因停水造成的酒店住宿费、交通费等额外支出，共计2000元。除此以外，物业公司应从2021年6月1日其入住该房屋时起重新计算水费和物业费。

物业公司辩称，停水情况属实，但停水后宁某松可自行开通，故不存在产生住宿费、交通费的情形。此外，物业公司还提起反诉，要求宁某松支付未缴纳的水费、物业费及滞纳金3万元，理由是宁某松应当概括承受该房屋所产生的合同义务，其承担后可向前业主陶某然追偿。

问题：人民法院支持宁某松的诉讼请求还是物业公司的诉讼请求？

分析：（1）人民法院支持宁某松部分的诉讼请求，即物业公司停止侵害、恢复供水，并向宁某松赔偿2000元的损失。但宁某松不是从入住之日（2021年6月1日），而是从过户登记之日（2020年12月31日）起承担水费和物业费。

（2）人民法院不支持物业公司的诉讼请求。

民法典第九百四十四条规定，业主应当按照约定向物业服务人支付物业费。物业服务人已经按照约定和有关规定提供服务的，业主不得以未接受或者无须接受相关物业服务为由拒绝支付物业费。

业主违反约定逾期不支付物业费的，物业服务人可以催告其在合理期限内支付；合理期限届满仍不支付的，物业服务人可以提起诉讼或者申请仲裁。

物业服务人不得采取停止供电、供水、供热、供燃气等方式催交物业费。

第四百六十五条第二款规定，依法成立的合同，仅对当事人具有法律约束力，但是法律另有规定的除外。

本案中，首先，供水、供电合同的当事人是业主和自来水公司、供电局。自来水公司、供电局经法定程序才有权终止供应水电，物业公司无权对业主断水断电。即使是二次供水，物业公司也无权停水。业主不缴纳物业费、水费等，物业公司可以通过诉讼等合法方式解决，不能采取停水等粗暴方式，故该物业公司无权对宁某松采取停水措施，由此产生的合理损失 2000 元由物业公司承担。

该房屋于 2020 年 12 月 31 日过户至宁某松名下。过户登记具有即刻对外产生公示效力的法律效果，即宁某松自 2020 年 12 月 31 日起取得该房屋所有权，自此开始的水费、物业费等亦应由新登记的房主宁某松承担。虽然宁某松主张自 2021 年 6 月 1 日实际入住之时起开始核算水费、物业费，但房屋买卖合同仅约束买卖双方，入住时间也仅影响宁某松与陶某然内部权利义务的分配，不能产生对抗物业公司等外部主体的公示效果，故宁某松的这一诉讼主张于法无据，人民法院不予支持。宁某松应从过户登记之日，即 2020 年 12 月 31 日起缴纳该房屋物业费及水费等。

其次，根据合同之相对性原则，前业主陶某然与物业公司是物业服务合同的当事人，该物业合同对新业主宁某松不发生法律效力，除非宁某松明确表示加入到该 3 万元的债务中。根据案情描述，宁某松事先不知，且事后以其行为表示不愿承担该笔债务。故物业公司只能通过诉讼或仲裁的方式向陶某然主张 3 万元的合法债权。因此，人民法院不支持物业公司的诉讼请求。

合同编理论知识概述

物权和债权是民法的两大基本财产权。在市场经济中，民事主体与财产的结合表现为物权，体现静态的财产归属关系；当财产进入流通领域，在不同平等主体之间发生交换时，则表现为债权，体现动态的财产流转关系。合同编作为调整平等主体之间财产流转关系的法律，涉及整个过程，包括合同的成立、不成立、无效、可撤销、生效、履行、违约责任等各方面。

一、合同法的特征

（一）合同法具有任意性

作为调整平等主体之间财产流转关系的法律，合同法充分尊重当事人的意思自治。只要当事人协商的内容不违反法律，就能依法具有法律的效力。尽管民法典合同编规定了十九类有名合同，但法律准许平等主体在实践中创造新的合同类型，并承认其效力。合同的内容大多是任意的，当事人可通过协商予以更改，即当事人有约定的，按其约定；没有约定或约定不明确无法达成补充协议的，则适用合同编的任意性法律规范。

（二）合同法具有自治性

平等主体之间的财产流转关系是当事人平等、自愿协商的产物，是民法基本原则之自愿原则在合同编的具体贯彻。当事人平等协商确定的合同内容，只要不违反法律的强制性规定，则相当于是合同当事人之间的“法锁”。

（三）合同法具有易变性

平等主体之间的财产流转关系总是处于不断变化和发展的过程中，合同编对此保有足够的空间适用这种变化和发展。故合同编的内容相较于物权编、婚姻家庭编、继承编等，弹性空间、变化空间更大。

二、合同概述

合同是自然人、法人、非法人组织之间设立、变更、终止民事权利义务关系的协议。狭义的合同仅涉及民事主体的财产性法律关系。婚姻、收养、监护等有关身份关系的协议，首先适用婚姻家庭编的法律规范；没有规定的，可以根据其性质参照适用本编规定。

（一）合同的类型

合同编规定了十九类有名合同，是立法承认的合同类型。

- 有名合同
  - 所有权发生移转的合同
    - 买卖合同
    - 供用电、水、气、热力合同
    - 赠与合同
    - 借款合同
  - 使用权发生移转的合同
    - 租赁合同
    - 融资租赁合同
  - 给付工作成果合同
    - 承揽合同
    - 建设工程合同
  - 完成劳务合同
    - 运输合同
    - 保管合同
    - 仓储合同
    - 委托合同
    - 物业服务合同
    - 行纪合同
    - 中介合同
  - 保证合同
  - 保理合同
  - 技术合同
  - 合伙合同

（二）合同的条款

合同的条款是合同当事人协商一致的合同内容，记载着合同双方当事人的权利和义务。合同的条款通常由当事人协商确定。当事人须就合同的主要条款协商一致，此乃合同成立的必要条款，如若欠缺，则合同不能成立。除必要条款以外的合同条款是合同的普通条款，如若欠缺，不影响合同的成立与生效，但影响合同的履行，可另行订立补充协议或依据交易习惯明确合同内容。

- 合同条款
  - 必要条款
    - 当事人的姓名或者名称和住所
    - 标的
    - 数量
  - 普通条款
    - 质量
    - 价款或者报酬
    - 履行期限、地点和方式
    - 违约责任
    - 解决争议的方法
    - 当事人约定的其他条款

为保护弱势方当事人的利益，合同编规定提供强制缔约义务。第六百四十八条、六百五十六条、八百一十条规定了公用服务的提供人和公共运输的承运人的强制缔约义务，即不得拒绝公众通常、合理的服务要求。

为确保消费者在真正知晓并理解格式条款的基础上，基于真实意愿行使缔约的选择权和决定权，第四百九十六条第二款规定：提供格式条款的一方应采取合理方式提示对方注意与其有重大利害关系的条款，并按照对方的要求，对该条款予以说明，否则对方可主张该条款不成为合同的内容。

（三）合同的履行

合同的当事人应该遵循全面履行原则，即经债权人同意的除外，债务人必须按照合同约定的标的、数量、质量、履行期限、地点、方式等的要求，全面、适当地履行合同义务。

合同的当事人在履行义务的过程中，须遵循实际履行原则，即按照约定的标的物进行履行。如果标的物是货币，不存在履行不能、履行费用过高的情形。如果一方违约，对方有权请求其继续履行，不得以其他标的物替代履行。如果标的物是非货币之债，除三种例外情形外，债务人必须按照约定实际履行，不得以承担违约责任等方式替代之。这三种例外情形是：存在法律上或事实上的履行不能；债务的标的不适宜强制履行或者履行费用过高；债权人在合理期限内未请求履行。

履行期限、履行地点和履行方式，有约定从约定，无约定可事后达成补充协议。

如果就履行期限仍不能达成补充协议的，则债务人可随时履行，债权人亦可随时要求履行，但应当给对方留有必要的履行准备时间。

如果就履行地点仍不能达成补充协议的，交付不动产的，在不动产所在地履行；给付货币的，在接受货币一方所在地履行；其他标的，在履行义务方所在地履行。

如果就履行方式仍不能达成补充协议的，则应按照有利于合同目的实现之方式履行。

（四）合同的保全

合同的保全，是指法律为防止债务人的财产不当减少而给债权人的债权实现带来危险，允许债权人代债务人之位向第三人行使债务人的权利，或者请求人民法院撤销债务人与第三人的法律行为的制度。

1. 债权人的代位权

代位权，是指当债务人怠于行使其对第三人享有的权利而危及债权人的债权时，债权人为保全自己的债权，向人民法院请求以自己的名义代位行使债务人对第三人的债权的权利。

代位权成立的条件：第一，债权人对债务人的债权已到期；第二，债务人对第三人享有的非人身专属性债权也已到期；第三，债务人怠于行使其到期债权；第四，债务人已陷入迟延，且债权有不能实现的危险；第五，代位权的行使须债权人向人民法院提起代位之诉。

债权人的代位之诉胜诉后，通常情况下，以债权人的到期债权为限，且不得超过债务人对次债务人的债权范围，由次债务人直接向债权人履行债务。但如果债务人破产，或债务人的其他债权人已事先申请保全或执行的，则次债务人的给付须遵循完全入库或部分入库规则，此时胜诉的债权人和债务人的其他债权人平等受偿。

2. 债权人的撤销权

撤销权是指债权人对债务人所实施的危害债权的行为，可请求人民法院予以撤销的权利。

撤销权成立的条件：第一，债权人对债务人的债权合法有效；第二，债务人主观上是恶意，客观上实施了积极、不合理减少自己财产的行为，例如放弃其债权、放弃债权担保、无偿或以明显不合理低价转让财产、以明显不合理的高价受让他人财产等；第三，债务人的行为已危及债权人债权的实现；第四，撤销权的行使须债权人向人民法院提起撤销之诉。

债权人的撤销权受到双重除斥期间的限制，即债权人自知道或应当知道撤销事由之日起一年内行使。自债务人危害债权的行为发生之日起五年内没有行使的，该撤销权消灭。

债权人的撤销之诉胜诉后，债务人处分自己财产的行为自始无效。如果受益人已获利，则须向债务人返还该利益。

（五）合同的解除

合同解除，是指合同有效成立后，没有履行或完全履行前，当约定或法定的解除条件具备时，因享有解除权的合同当事人之意思表示，除法律另有规定外，使合同关系溯及归于消灭。合同解除是合同非正常提前终止的原因，包括约定解除权和法定解除权。

法定解除权发生的原因有以下五类：

（1）因不可抗力致使不能实现合同目的；

（2）在履行期限届满前，当事人一方明确表示或者以自己的行为表明不履行主要债务；

（3）当事人一方迟延履行主要债务，经催告后在合理期限内仍未履行；

（4）当事人一方迟延履行债务或者有其他违约行为致使不能实现合同目的；

（5）法律规定的其他情形。

合同解除权受除斥期间的限制。该除斥期间分两种情形：如果法律规定或者当事人约定解除权行使期限，期限届满当事人不行使的，该解除权消灭；如果法律没有规定或者当事人没有约定解除权行使期限，则自解除权人知道或者应当知道解除事由之日起一年内不行使，或者经对方催告后在合理期限内不行使的，该解除权消灭。

合同解除后，尚未履行的，终止履行；已经履行的，根据履行情况和合同性质，当事人可以就已经履行的部分恢复原状或予以清偿。如果解除权人有损失的，可以向对方当事人主张损害赔偿。

三、缔约过失责任

缔约过失责任，是指缔约人因过错违反先合同义务，依法应承担的民事责任。缔约人在磋商过程中，应遵循诚实信用原则，根据交易习惯履行通知、保密等先合同义务。如果缔约方因过错未能履行先合同义务或履行先合同义务有瑕疵，致使无过错的缔约方遭受损失，则有过错的缔约方须赔偿该信赖利益的损失，一般不超过合同履行利益。

适用缔约过失责任的情形有以下几种：

（1）假借订立合同，恶意进行磋商；

（2）故意隐瞒与订立合同有关的重要事实或者提供虚假情况；

（3）借磋商机会获悉对方商业秘密或其他应当保密的信息，且泄露、不正当地使用该商业秘密或者信息；

（4）以批准等手续为生效要件的合同，应当履行该申请批准义务的一方当事人恶意不履行致使合同不能生效；

（5）当事人因过错导致合同被撤销或被确认无效；

（6）其他违背诚信原则的行为。

四、违约责任

当事人一方不履行合同义务或者履行合同义务不符合合同约定的，应当承担继续履行、采取补救措施或者赔偿损失等违约责任。我国合同立法原则上采无过错责任原则，即有违约行为则需承担违约责任，但在部分典型合同中适用过错原则。

（一）违约行为

违约行为可以分为两类：一类是债务人预期违约，具体表现为债务人明示预期违约和默示预期违约；另一类是债务人实际违约，具体表现为债务人不履行和不完全履行等。

- 违约行为
  - 预期违约
    - 明示预期违约
    - 默示预期违约
  - 实际违约
    - 不履行
      - 履行不能
        - 事实上履行不能
        - 法律上履行不能
      - 拒绝履行
    - 不完全履行
      - 迟延履行
      - 不适当履行
        - 瑕疵履行
        - 加害履行

（二）违约责任

违约责任的发生以合同成立且生效为前提。违约责任遵循合同相对性原则，即合同当事人一方不履行合同义务或者履行合同义务不符合约定的，应当承担继续履行、采取补救措施或者赔偿损失等违约责任。通常违约责任不涉及合同之外的第三人。

违约责任有以下几种方式：

1. 继续履行

继续履行，是指违约方不履行合同时，另一方有权请求人民法院强制违约方按照合同约定的标的履行义务，不得以支付违约金或赔偿金的方式替代履行。

如果合同债务属于货币性质的，当事人一方未支付价款、报酬、租金、利息，或者不履行其他金钱债务的，对方可以请求其支付。这意味着债务人的违约责任是继续履行货币之债。

如果合同债务属于非货币性质的，除三个例外情形外（存在法律上或事实上的履行不能；债务的标的不适于强制履行或者履行费用过高；债权人在合理期限内未请求履行），债权人请求债务人继续履行的，债务人应当履行合同义务。

2. 采取修理、重作、更换、退货、减价等补救措施

违约方履行不符合约定的，受损害方根据标的的性质以及损失的大小，可以合理选择请求对方承担修理、重作、更换、退货、减少价款或者报酬等违约责任。

3. 损害赔偿责任

损害赔偿责任，是指违约方不履行或者不完全履行合同义务给对方造成损失的，依法或依据合同约定应承担赔偿对方当事人所受损失的责任。违约损害赔偿采完全赔偿原则，包括受害人遭受的全部实际损失和合同履行后可得利益的损失，但不得超过违约一方订立合同时预见到或者应当预见到的因违约可能造成的损失。

4. 违约金

当事人可以约定一方违约时应当根据违约情况向对方支付一定数额的违约金，也可以约定因违约产生的损失赔偿额的计算方法。

5. 定金罚则

当事人可以约定一方向对方给付定金作为债权的担保。给付定金的一方不履行债务或者履行债务不符合约定，致使不能实现合同目的的，无权请求返还定金；收受定金的一方不履行债务或者履行债务不符合约定，致使不能实现合同目的的，应当双倍返还定金。

立法规定，当事人既约定违约金，又约定定金的，一方违约时，对方可以选择适用违约金或者定金条款。定金不足以弥补一方违约造成的损失的，对方可以请求赔偿超过定金数额的损失。

五、无因管理

没有法定的或者约定的义务，为避免他人利益受到损失而进行管理的人，有权请求受益人偿还由此支出的必要费用。

通常而言，擅自对他人事务进行管理，是对他人权益的侵犯，应属侵权行为。但民法着眼于社会生活之实际，为鼓励互助义行，特设无因管理制度，赋予正当无因管理行为违法阻却效力，并在管理人和受益人之间成立债权债务关系，使无因管理成为债的发生原因之一。简言之，无因管理制度的目的是在“禁止干预他人事务”与“奖励互助义行”两项法律价值之间予以调和和制衡。

（一）无因管理的构成要件

首先，客观上管理了他人事务。无因管理中的他人事务，指一切能够满足生活利益并适于作为债之客体的事项。无因管理重在管理事务本身，目的是否达成在所不问。

其次，无法定或约定义务。管理人出于履行法定义务或者约定义务管理他人事务的，自然不成立无因管理。但如果管理人超出法定或约定义务范围对他人事务进行管理的，可就超出部分成立无因管理。

管理人不具有管理之法定或约定义务，但管理人误以为自己具有该项义务，并因此管理他人事务的，因欠缺管理意思，不成立无因管理，但可成立不当得利。

再次，主观上为他人。误将自己事务当成他人事务管理，即使具有管理意思，也不能成立无因管理。“为他人”是指管理事务所生之利益归属于受益人。如果管理人为他人管理事务，且兼具有为自己利益的，也能成立无因管理。

（二）正当的无因管理

正当的无因管理又称适法的无因管理，除须符合上述三个构成要件外，还须不违反受益人的真实意思，但受益人的真实意思违反法律或者违背公序良俗的除外。

正当的无因管理具有违法阻却性，因此管理人不构成侵权。在管理人与受益人之间成立无因管理之债，双方互有特定内容的权利与义务。

（1）管理人的权利：管理人有权请求受益人偿付因管理支出的必要费用及自支出时起的利息；因管理负担的必要债务之请求权；因管理遭受的人身损害与财产损害之请求权。

（2）管理人的义务：适当管理的义务以及通知和报告、计算的义务。管理人应依受益人明示或可得推知的意思，以利于受益人的方法，以善良管理人的注意标准，实施管理行为。如果管理人未尽适当管理的义务，致使受益人遭受损害的，应承担损害赔偿责任。

六、不当得利

不当得利，指无法律上根据，使他人受到损失而自己获得利益的事实。取得不当利益的人叫得利人，财产受到损失的人叫受损失的人。因不当得利没有法律根据，虽属既成事实却不受法律保护，得利人取得的不当利益应当返还给受损失的人。

不当得利制度旨在调整欠缺法律依据的财产利益之变动，使无法律上原因而得利致他人受损害者，负返还所受利益的义务。该制度之规范目的重在去除不当得利，而非损害赔偿。故得利少于损失时，返还的数额以得利为准；得利大于损失时，返还的数额以损失为准。此外，不当得利之债不以当事人的过错为构成要件，仅在确定返还范围时考虑得利人主观上善意或恶意。

（一）不当得利的构成要件

第一，一方获得财产利益；

第二，另一方财产受到损害；

第三，一方获利与一方受损之间具有因果关系；

第四，一方获利没有法律上的原因。

需要说明的是，所有的无法律上原因的获利均属于不当得利，有以下几种例外情形：

（1）为履行道德义务进行的给付，例如对见义勇为者表示感谢支付的酬劳；

（2）债务到期之前的清偿；

（3）明知无给付义务而进行的债务清偿，例如子女超出继承范围自愿偿还父母生前所欠的债务。

（4）反射利益，即一方虽因一定的行为或事实而受益，但并未致另一方受到损害的情形。例如修建地铁提升了沿线的楼盘房价。

（5）强迫得利，即受损失的人因其行为使受益人获得利益，但此种获利违背受益人的意思，故受益人不必返还。

（二）不当得利的法律效果

成立不当得利之债，受损失的人有权请求得利人返还不当得利，返还范围为所受利益和孳息。具体而言，原物存在的返还原物；原物不存在的，折价返还；原物毁损后存在代位物例如保险金、赔偿金的，应当返还原物的代位物。基于所受利益产生的孳息，包括自然孳息、法定孳息、射幸孳息等均须返还。

得利人为善意的，仅返还现存利益，对已经不存在的利益不负返还义务。得利人为恶意的，须返还其取得的利益，对已经不存在的利益仍须承担返还义务，并依法赔偿损失。得利人已经将取得的利益无偿转让给第三人的，受损失的人可以请求第三人在相应范围内承担返还义务。

视频资源 3

人格权编

人格权编典型案例

案例六十：保护雷锋同志的人格利益案

某网络科技有限公司将其付费会员称为“雷锋会员”，将其提供服务的平台称为“雷锋社群”，将其注册运营的微信公众号命名为“雷锋哥”，在微信公众号上发布含“雷锋会员”“雷锋社群”等文字的宣传海报和文章，并在公司住所地悬挂“雷锋社群”的文字标识。该公司以“雷锋社群”的名义多次举办“创业广交会”“电商供应链大会”“全球云选品对接会”等商业活动，并以“雷锋社群会费”等名目收取客户费用22笔，金额共计31万元。某州市某平区人民检察院提起民事公益诉讼，要求某网络科技有限公司立即停止在经营项目中以雷锋的名义进行宣传，并在某省内省级媒体上就使用“雷锋”的名字赔礼道歉。

问题：雷锋已去世多年，其人格利益还需要保护吗？

分析：法律仍应保护英烈雷锋同志的人格利益。

民法典第一百八十五条规定，侵害英雄烈士等的姓名、肖像、名誉、荣誉，损害社会公共利益的，应当承担民事责任。

第一千条规定，行为人因侵害人格权承担消除影响、恢复名誉、赔礼道歉等民事责任的，应当与行为的具体方式和造成的影响范围相当。

行为人拒不承担前款规定的民事责任的，人民法院可以采取在报刊、网络等媒体上发布公告或者公布生效裁判文书等方式执行，产生的费用由行为人负担。

上述法条说明，为更好地弘扬英雄烈士精神、增强民族凝聚力、维护社会公共利益，民法典对英雄烈士人格利益的保护作出了特别规定。雷锋同志的姓名作为一种重要的人格利益，属于社会公共利益的应有之义，理应受到法律保护。

本案中，某网络科技有限公司使用的文字“雷锋”，确系社会公众所广泛认知的雷锋同志之姓名。该公司明知雷锋同志的姓名具有特定的意义，仍擅自将其用于开展网络商业宣传，此举会让公众对“雷锋社群”等称谓产生误解，侵犯了英雄烈士的人格利益。假借“雷锋精神”之名推广商业运作模式，既曲解了雷锋精神，与社会公众的一般认知相背离，也损害了承载于其上的人民大众的特定情感，对营造积极健康的网络环境产生了负面影响，侵害了社会公共利益，依法应当承担相应的法律责任。

故人民法院判决某网络科技有限公司停止使用雷锋同志姓名的行为，包括停止使用“雷锋哥”微信公众号名称、“雷锋社群”名称、“雷锋会员”名称等，并在某省内省级报刊上刊登向社会公众赔礼道歉的声明。

案例六十一：侵犯袁隆平院士名誉、荣誉案

张某于2021年5月22日至5月24日期间，利用境外信息网络平台，公然发表和转推侮辱、诋毁袁隆平院士的推文共计9条，相关推文被他人留言10条，被转推36次，被点赞275次。天津市人民检察院第二分院依法征询袁隆平院士近亲属的同意后，向天津二中院提起了民事公益诉讼，要求张某在国家级新闻媒体上公开赔礼道歉、消除影响。

问题：张某在网上发布有关袁隆平院士的评论属于言论自由吗?

分析：张某的行为已超出了言论自由的合法范围，侵害了袁隆平院士的名誉、荣誉等人格利益。

民法典第一百八十五条规定，侵害英雄烈士等的姓名、肖像、名誉、荣誉，损害社会公共利益的，应当承担民事责任。

第一千一百六十五条第一款规定，行为人因过错侵害他人民事权益造成损害的，应当承担侵权责任。

本案中，张某在网络平台上公然发表不实言论，亵渎了袁隆平院士的功绩和精神，丑化了袁隆平院士的形象，贬损其名誉，超出了言论自由的合法范围，主观上存在明显过错。其行为不仅侵害了袁隆平院士的个人人

格尊严，而且伤害了社会公众的感情，损害了社会公共利益。故天津二中院依法判决，被告人张某于判决生效之日起十日内，在国家级新闻媒体上公开赔礼道歉、消除影响。

案例六十二：保护公益组织名誉权案

2022 年 10 月 10 日，某市天使防减灾应急救援中心在某东人论坛发表“天使救援协助某北派出所搜寻落水者”的帖子。次日 12 时 12 分，廖某建在上述帖子下以网名“媒体评论人”身份发表“某东版‘协 S 要价’”的评论。廖某建的评论被版主屏蔽后，其发帖质询：“为什么申请屏蔽？不敢让人民群众看吗?”在版主询问有无证据时，廖某建未作出明确回应。

2022 年 10 月 15 日，某市天使防减灾应急救援中心法定代表人樊某天以该公益组织在网上被人诽谤为由向该市公安局报警。该市公安局出警后，组织双方进行调解未果。无奈之下，某市天使防减灾应急救援中心起诉至人民法院，要求廖某建停止对该公益组织名誉权的侵害，并在相关网络平台上赔礼道歉。

问题：人民法院支持某市天使防减灾应急救援中心的诉讼请求吗?

分析：人民法院支持该公益机构的诉讼请求，即要求廖某建停止侵害名誉权的行为，并赔礼道歉。

民法典第一百一十条第二款规定，法人、非法人组织享有名称权、名誉权和荣誉权。

第一千零二十四条规定，民事主体享有名誉权。任何组织或者个人不得以侮辱、诽谤等方式侵害他人的名誉权。

名誉是对民事主体的品德、声望、才能、信用等的社会评价。

上述法条说明，任何组织和个人不得以任何方式侵害民事主体的名誉权。公益组织享有名誉权，其合法权益平等地受到法律保护。

本案中，廖某建在某市天使防减灾应急救援中心所发帖子下，以网名“媒体评论人”身份发表“某东版‘协 S 要价’”的评论，虽然用词上为“协 S 要价”，但该用语中的“要价”明显具有“索要”之意思；而“协 S 要价”在本案中特定的语言环境下，足以引起公众作出“挟尸要价”的理解和认知，已侵害作为公益组织的某市天使防减灾应急救援中心的名誉权。

故人民法院应支持该公益组织的诉讼请求，追究廖某建相应的法律责任，即停止侵权行为并赔礼道歉。

这一案例说明，包括公益组织在内的法人组织、非法人组织有权获得客观、真实的社会评价；其名誉权平等地受到法律保护。网络空间绝非法外之地，个人在网络上发表言论是有边界的。网民朋友们应严格遵守法律法规，不得发表足以引起他人误解的网络语言，不得发表有损他人权利的言论。

案例六十三：媒体报道新闻是否侵犯案涉人员名誉权案

池某弘购买了从山东泰安到天津的高铁票，高铁到达天津站时，池某弘并未下车，而是擅自更换车厢并继续乘坐。被列车乘务员发现后，池某弘拒绝补票并拒绝配合乘警开展检查，过程中与列车长和乘警发生争执。中央电视台对池某弘隐名并对其面部进行马赛克处理后，在有关栏目中对该事件进行了报道。池某弘认为，央视的报道属于诽谤，侵犯了其名誉权，故诉至人民法院，要求央视赔礼道歉并赔偿损失。

问题：人民法院支持池某弘的诉讼请求吗？

分析：央视没有侵犯池某弘的名誉权，人民法院不支持其诉讼请求。

民法典第一千零二十五条规定，行为人为公共利益实施新闻报道、舆论监督等行为，影响他人名誉的，不承担民事责任，但是有下列情形之一的除外：

（一）捏造、歪曲事实；

（二）对他人提供的严重失实内容未尽到合理核实义务；

（三）使用侮辱性言辞等贬损他人名誉。

本案中，中央电视台作为新闻媒体，发挥舆论监督作用是其重要职能。央视对整个事件的报道客观、真实，对池某弘的评价中并不存在侮辱、诽谤性的语言，并最大程度地保护了池某弘的隐私。池某弘的社会评价降低是其自身不当言行所致，与央视的报道行为之间不具有因果关系。

故人民法院不支持池某弘的诉讼请求。

案例六十四：侵犯未成年人肖像权案

2021年7月7日，杜某峰通过其名为“西格隆咚锵的隆”的新浪微博账号发布一条微博，内容为“日本地铁上的小乘客，一个人上学，那眼神里充满自信和勇气，太可爱了”，并附有楼某熙乘坐杭州地铁时的照片，引起网友热议。次日，楼某熙的母亲在新浪微博发布辟谣帖：“我是地铁小女孩的妈妈，网传我家孩子是日本小孩！在此特此申明：我家孩子是我大中华儿女，并深深热爱着我们的祖国！……”广大网友也纷纷指出杜某峰微博中的错误。

对此杜某峰仍不删除涉案微博，还在该微博下留言，继续发表贬低祖国和祖国文化的言论。后该微博账号“西格隆咚锵的隆”由于存在其他不当言论被新浪微博官方关闭，所有发布的内容从新浪微博平台清除。楼某熙以杜某峰侵害其肖像权为由提起诉讼，要求杜某峰赔礼道歉并赔偿精神损害抚慰金、合理维权费用等损失。

问题：人民法院支持原告楼某熙的诉讼请求吗？

分析：人民法院支持楼某熙的诉讼请求，由杜某峰赔礼道歉并赔偿精神损害抚慰金、合理维权费用等损失。

民法典第一千零一十八条第一款规定，自然人享有肖像权，有权依法制作、使用、公开或者许可他人使用自己的肖像。

第一千零一十九条第一款规定，任何组织或者个人不得以丑化、污损，或者利用信息技术手段伪造等方式侵害他人的肖像权。未经肖像权人同意，不得制作、使用、公开肖像权人的肖像，但是法律另有规定的除外。

第一千一百八十三条第一款规定，侵害自然人人身权益造成严重精神损害的，被侵权人有权请求精神损害赔偿。

本案中，杜某峰发布的案涉微博中使用的图片含有小女孩的清晰面部、体貌状态等外部身体形象，通过比对楼某熙本人的肖像，以社会一般人的认知标准，能够清楚确认案涉微博中的肖像为楼某熙的形象，故楼某熙对该图片再现的肖像享有肖像权。杜某峰未经肖像权人楼某熙同意，在互联网上使用、公开其肖像，侵犯了楼某熙的肖像权。

杜某峰在“七七事变”纪念日这一特殊时刻，罔顾客观事实，在众多网友留言指出其错误、楼某熙母亲发文辟谣的情况下，仍拒不删除涉案微博，还不断留言，此种行为严重损害了包括楼某熙在内的社会公众的国家认同感和民族自豪感，强烈冲击了社会公共利益和良好的道德风尚。杜某峰以造谣、传播等方式歪曲使用楼某熙的肖像，严重侵害了楼某熙的肖像权，杜某峰应承担赔礼道歉，赔偿精神损害抚慰金、合理维权费用等损失的法律责任。故人民法院支持楼某熙的全部诉讼请求。

案例六十五：性骚扰案

周某丽曾是某公益社会工作服务中心的一名工作人员。工作期间，公益理事长刘某辉趁中心只有他和周某丽两人之际，长时间拥抱周某丽，周某丽挣扎时坐到刘某辉大腿上，刘某辉又从背后紧紧抱住周某丽的腰部，最终周某丽反抗脱身。后周某丽起诉至人民法院，认为刘某辉作为机构负责人，利用其职务优势地位，对她实施性骚扰，给她的精神造成巨大伤害，应当承担精神损害赔偿责任。

问题：刘某辉的行为构成对周某丽的性骚扰吗？人民法院支持周某丽的诉讼请求吗？

分析：刘某辉的行为属于性骚扰，其应向周某丽赔礼道歉，并承担相应的精神损害赔偿。

民法典第一千零一十条规定，违背他人意愿，以言语、文字、图像、肢体行为等方式对他人实施性骚扰的，受害人有权依法请求行为人承担民事责任。

本案中，刘某辉的行为超出了一般性、礼节性的交往范畴，带有明显的性暗示，违背了周某丽的意志，对周某丽造成了精神伤害，构成对周某丽的性骚扰。刘某辉应承担赔礼道歉、精神损害赔偿之民事责任。如果刘某辉拒绝赔礼道歉，人民法院应将判决书的主要内容在公开发行的媒体报刊、网站上予以公布，由此产生的相关费用由刘某辉承担。

案例六十六：保护人脸信息案

2022年4月的某个周六，郭某华购买野生动物园双人年卡，留存相关个人身份信息，并录入指纹和拍照。其后，野生动物园将年卡入园方式由指纹识别调整为人脸识别，并向郭某华发送短信通知相关事宜，要求其进行人脸激活。郭某华认为自己被强制“刷脸”，动物园无权收集自己的人脸信息。动物园一方认为入园方式升级更方便游客入园，更利于合同目的的实现，此项合同条款的变更属于合同当然之内容。

问题：动物园有当然之权利收集郭某华人脸之个人生物信息吗?

分析：动物园无权收集郭某华的人脸信息。

民法典第一千零三十四条规定，自然人的个人信息受法律保护。

个人信息是以电子或者其他方式记录的能够单独或者与其他信息结合识别特定自然人的各种信息，包括自然人的姓名、出生日期、身份证件号码、生物识别信息、住址、电话号码、电子邮箱、健康信息、行踪信息等。

个人信息中的私密信息，适用有关隐私权的规定；没有规定的，适用有关个人信息保护的规定。

第一千零三十五条规定，处理个人信息的，应当遵循合法、正当、必要原则，不得过度处理，并符合下列条件：

（一）征得该自然人或者其监护人同意，但是法律、行政法规另有规定的除外；

（二）公开处理信息的规则；

（三）明示处理信息的目的、方式和范围；

（四）不违反法律、行政法规的规定和双方的约定。

个人信息的处理包括个人信息的收集、存储、使用、加工、传输、提供、公开等。

《中华人民共和国个人信息保护法》第十四条至第十六条规定：个人信息的处理目的、处理方式和处理的个人信息种类发生变更的，应当重新取得权利人同意；个人有权撤回其已授予相对方的同意；个人信息处理者不得以个人不同意处理其个人信息为由拒绝提供产品和服务。

《最高人民法院关于审理使用人脸识别技术处理个人信息相关民事案件适用法律若干问题的规定》第四条规定，个人信息处理者不得强迫或变相强迫自然人同意处理其人脸信息。

上述法条和司法解释说明，个人生物识别信息作为敏感的个人信息，深度体现自然人的生理和行为特征，承载着人格尊严与个人隐私利益，具备较强的人格属性，一旦被泄露或者非法使用，可能导致个人受到歧视或者人身、财产安全受到危害，收集方更应谨慎处理，未经权利人明确同意，不得擅自扩大个人信息的处理范围。

本案中，野生动物园单方变更入园方式不是合同当然之内容，对郭某华不发生法律效力。再者，野生动物园欲利用收集的照片扩大信息处理范围，超出事前收集目的，表明其存在侵害郭某华面部特征信息之人格利益的可能。该野生动物园应当重新取得权利人郭某华的同意，否则无权收集其人脸信息。

案例六十七：保护个人信息利益案

荆某轲是游戏“某轮”的骨灰级玩家，因不满该游戏商家提供的“剧本杀”游戏服务，上网发布差评，该商家遂在微信公众号发布与荆某轲等人的微信群聊记录、游戏包厢监控视频录像片段、微信个人账号信息，还称“可向公众提供全程监控录像”。荆某轲认为商家的上述行为侵害其个人信息利益，起诉至人民法院，要求该商家停止侵权、赔礼道歉及赔偿精神损害等。

问题：人民法院支持荆某轲的诉讼请求吗？

分析：人民法院支持荆某轲的诉讼请求，该商家应停止侵权、赔礼道歉及承担精神损害赔偿。

《中华人民共和国个人信息保护法》第十三条规定，符合下列情形之一的，个人信息处理者方可处理个人信息：

（一）取得个人的同意；

（二）为订立、履行个人作为一方当事人的合同所必需，或者按照依法制定的劳动规章制度和依法签订的集体合同实施人力资源管理所必需；

（三）为履行法定职责或者法定义务所必需；

（四）为应对突发公共卫生事件，或者紧急情况下为保护自然人的生命健康和财产安全所必需；

（五）为公共利益实施新闻报道、舆论监督等行为，在合理的范围内处理个人信息；

（六）依照本法规定在合理的范围内处理个人自行公开或者其他已经合法公开的个人信息；

（七）法律、行政法规规定的其他情形。

依照本法其他有关规定，处理个人信息应当取得个人同意，但是有前款第二项至第七项规定情形的，不需取得个人同意。

本案中，作为消费者的荆某轲有权对游戏商品或者服务予以评价，经营者亦有权针对消费者的差评作出澄清。但是，经营者的澄清方式应当合法，不得违法公开因提供商品或服务而获取的消费者隐私及个人信息。根据我国民法典及个人信息保护法的规定，该商家的行为侵犯了消费者的合法权益。故人民法院应支持荆某轲的诉讼请求，判令该游戏商家立即停止公开监控录像，删除公开的荆某轲的微信个人账号信息，删除微信公众号文章中“可向公众提供全程监控录像”的表述，并且要在商家的微信公众号上发布致歉声明，还要向荆某轲承担相应的精神损害赔偿之责任。

案例六十八：保护自然人声音利益案

孙某烨是一名配音演员，某天孙某烨在逛商场时，发现商场广告屏上播放的广告词是自己配音的，但孙某烨并没有为该广告配音。后孙某烨联系广告商得知，该段配音是用自己之前的广告配音剪辑加工合成。

问题：孙某烨的声音属于民法典的保护范围吗？

分析：孙某烨的声音应得到法律的保护，其有权要求该广告商停止使用其配音。

民法典第一千零二十三条第二款规定，对自然人声音的保护，参照适用肖像权保护的有关规定。

第一千零一十九条规定，任何组织或者个人不得以丑化、污损，或者利用信息技术手段伪造等方式侵害他人的肖像权。未经肖像权人同意，不得制作、使用、公开肖像权人的肖像，但是法律另有规定的除外。

未经肖像权人同意，肖像作品权利人不得以发表、复制、发行、出租、展览等方式使用或者公开肖像权人的肖像。

上述法条说明，没有经过自然人的同意，不得制作、使用、公开自然人的声音，但法律另有规定的除外。

本案中，广告商在商场中使用孙某烨声音的行为，事先没有经过孙某烨的同意，而且不属于法定合理使用的范围，故孙某烨有权请求法律保护其声音不被滥用，该广告商应停止使用孙某烨的配音。

案例六十九：侵犯邻居隐私权案

李、王两家是前后院邻居，因为宅基地问题积怨已久。2021 年 10 月，李某国在自家房顶、大门及两处后窗分别安置了 4 个摄像头。这让邻居王某军坐卧难安，他认为李某国安装的摄像头把自家纳入了其监控范围，侵犯了自己的隐私权和人格尊严，要求李某国拆除。但李某国声称安置摄像头是为了自家安全，拍摄范围仅涉及自建房和公共水泥路，并未拍摄到王某军家的私人生活空间，故不同意拆除。

后王某军以李某国侵犯其隐私权为由，将李某国诉至人民法院。

问题：李某国是否侵犯了王某军的隐私权？

分析：李某国侵犯了王某军的隐私权。

民法典第一千零三十二条规定，自然人享有隐私权。任何组织或者个人不得以刺探、侵扰、泄露、公开等方式侵害他人的隐私权。

隐私是自然人的私人生活安宁和不愿为他人知晓的私密空间、私密活动、私密信息。

第一千零三十三条规定，除法律另有规定或者权利人明确同意外，任何组织或者个人不得实施下列行为：

（一）以电话、短信、即时通讯工具、电子邮件、传单等方式侵扰他人的私人生活安宁；

（二）进入、拍摄、窥视他人的住宅、宾馆房间等私密空间；

（三）拍摄、窥视、窃听、公开他人的私密活动；

（四）拍摄、窥视他人身体的私密部位；

（五）处理他人的私密信息；

（六）以其他方式侵害他人的隐私权。

上述法条首次明确界定了何为隐私权，并将侵害隐私权的行为进行了归纳和列举，几乎涵盖了所有常见的侵犯隐私权的情形，并在最后进行了兜底规定，使隐私权的保护脉络清晰、结构完备。

本案中，李某国在自家房顶、后窗隐蔽处安置的3个摄像头，其监控范围正是王某军家的院子、院内大门口及楼房二层起居室。摄像头能够拍摄到王某军的私密空间及日常生活等私密信息。李某国的行为属于“进入、拍摄、窥视他人的住宅”的情形。

李某国辩称，安置摄像头是为自家安全，但所有权的行使应在合理的界限内，不得损害社会公共利益和他人的正当权益。现李某国安置摄像头的行为已超出了合理限度，侵犯了王某军的隐私权，应当承担停止侵害的法律后果。故人民法院判决李某国于判决生效后7日内拆除该3个摄像头。

案例七十：生命权益的拓展保护案

张某兰与李某唐结婚五年，一直未能成功受孕。夫妻两人前往四川省某医院进行人工辅助生殖医疗项目。治疗过程中，张某兰、李某唐与四川省某医院签署《胚胎继续培养、冷冻知情同意书》，其言明，冷冻8个胚胎以便将来进行胚胎移植手术。之后，李某唐发生道路交通事故，经抢救无效死亡。

张某兰去该医院想继续实施胚胎移植手术遭拒。医院认为二人与医院仅形成了胚胎保管服务合同法律关系，而胚胎移植手术服务合同尚未成立，李某唐去世后已不再具备合同主体资格。而且根据《人类辅助生殖技术规范》的规定，禁止给不符合国家人口和计划生育法规及条例规定的夫妇和单身妇女实施人类辅助生殖技术。张某兰在丈夫李某唐去世后，属于单身妇女，不能接受人类辅助生殖手术。如果继续实施胚胎移植手术将违背伦理道德要求，会引发新的法律及伦理问题。后张某兰将该医院起诉至人民法院，要求医院继续履行医疗服务合同。

问题：人民法院支持张某兰的诉讼请求吗？

分析：人民法院支持张某兰的诉讼请求，该医院应当继续履行医疗服务合同。

民法典第五百零九条规定，当事人应当按照约定全面履行自己的义务。当事人应当遵循诚信原则，根据合同的性质、目的和交易习惯履行通知、协助、保密等义务。当事人在履行合同过程中，应当避免浪费资源、污染环境和破坏生态。

第一千零九条规定，从事与人体基因、人体胚胎等有关的医学和科研活动，应当遵守法律、行政法规和国家有关规定，不得危害人体健康，不得违背伦理道德，不得损害公共利益。

本案中，实施人工辅助生殖技术因技术操作原因存在分阶段、分步骤履行的特点，但并不影响医疗服务合同内容的整体性，双方签订的医疗服务合同尚未履行完毕，医院应当继续履行义务。

尽管继续履行合同似乎面临夫妻双方无法同时签署术前同意书，妻子因丧偶成为单身女性等“障碍”，但《人类辅助生殖技术规范》这一规范性文件不能剥夺张某兰基于上位法民法典享有的私法上的正当权益，即张某兰的生育自由体现的法益位阶高于卫生部门的行政规章。

李某唐去世前对通过辅助生殖技术生育子女已表达了明确意愿，张某兰也同意将胚胎移植到自己体内，这一行为没有违背伦理道德，没有损害社会公共利益。故人民法院判决该医院应继续为张某兰实施胚胎移植手术。

案例七十一：违约行为侵害人格权而引发的精神损害赔偿案

2022年3月，朱女士因儿子筹备婚礼的需要，与某婚庆公司签订了婚庆服务合同，对服务对象、内容、费用等进行了约定。婚礼当日，到场的宾客向朱女士反映，酒店门口的婚礼海报上新郎名字印错了。朱女士急忙前去查看，发现海报上新郎的名字“马某坤”被错误地印成了“马某迪”。

婚礼完成后，婚庆公司多次向朱女士催要服务费9000元人民币，朱女士拒绝支付。后婚庆公司提起诉讼，要求朱女士付款。朱女士答辩称婚庆公司制作的婚礼海报将新郎名字印错，导致亲朋好友走错宴会场地，给新娘家属造成误解，破坏了婚礼效果，应承担违约责任，扣减部分服务费；并且，朱女士称其心里总感觉对不起儿子儿媳，导致长期失眠、自责、心情低落，现已就医服药多日。于是，朱女士提起反诉，要求婚庆公司支付精神损害赔偿金 10 000 元人民币。

问题：朱女士主张的违约责任和精神损害赔偿能获得人民法院的支持吗?

分析：人民法院支持朱女士的诉讼请求。

民法典第五百八十二条规定，履行不符合约定的，应当按照当事人的约定承担违约责任。对违约责任没有约定或者约定不明确，依据本法第五百一十条的规定仍不能确定的，受损害方根据标的的性质以及损失的大小，可以合理选择请求对方承担修理、重作、更换、退货、减少价款或者报酬等违约责任。

本案中，婚庆公司将婚礼海报上新郎的名字印错构成违约。理由如下：第一，婚礼海报是结婚仪式的重要组成部分，对新郎新娘及其家人有祝福和纪念意义；第二，婚礼海报展示了新人的外貌形象和姓名，能够起到向宾客介绍新人的作用；第三，婚礼海报摆在酒店门口容易识别，能够起到迎接宾客、引导宾客的作用。写错新郎的名字对海报应发挥的上述作用会产生严重的不利影响，导致合同目的不能全部实现。故应认定婚庆公司的失误构成违约，应当承担违约责任。

朱女士与某婚庆公司在签订婚庆服务合同时，未约定违约责任，朱女士依法有权要求婚庆公司通过减少服务费的方式承担违约责任。

民法典第九百九十六条规定，因当事人一方的违约行为，损害对方人格权并造成严重精神损害，受损害方选择请求其承担违约责任的，不影响受损害方请求精神损害赔偿。

本案中，婚礼是人生中非常重要的时刻，对新人而言具有唯一性、专属性、纪念性等特殊意义，是一种精神利益的载体，承载着对美好生活的向往与祝福，其承载的人格和精神利益要远大于其本身的成本价值。婚庆公司将新郎的名字印错，对婚礼承载的人格和精神利益造成破坏，使婚礼的操办者和服务合同签订人，即新郎母亲朱女士失眠、自责、心情低落、就医服药，足以认定其受到了严重的精神损害。故朱女士提出的精神损害赔偿请求权应得到人民法院的支持。

案例七十二：人身安全保护令案

梁某霖（女）与秦某波（男）原是男女朋友关系，因彩礼问题发生矛盾，自愿解除同居关系。随后一年里，秦某波持续不断地骚扰梁某霖及其近亲属，还自称是梁某霖的丈夫，骗取梁某霖所在单位保安的同意后进入其单位，严重影响梁某霖正常的工作、生活秩序。2022 年 1 月，梁某霖向人民法院申请人身安全保护令。

问题：梁某霖能获得人身安全保护令的保护吗？

分析：梁某霖符合申请条件，人民法院受理后应作出人身安全保护令。

《中华人民共和国反家庭暴力法》第二十三条第一款规定，当事人因遭受家庭暴力或者面临家庭暴力的现实危险，向人民法院申请人身安全保护令的，人民法院应当受理。

第二十七条规定，作出人身安全保护令，应当具备下列条件：

（一）有明确的被申请人；

（二）有具体的请求；

（三）有遭受家庭暴力或者面临家庭暴力现实危险的情形。

第三十七条规定，家庭成员以外共同生活的人之间实施的暴力行为，参照本法规定执行。

本案中，秦某波的行为对梁某霖的人身安全造成威胁，另梁某霖与秦某波虽非家庭成员，但二人曾为男女朋友，在一起共同生活过，因此可以依据民法典并参照反家庭暴力法的相关规定予以执行。

梁某霖与秦某波解除同居关系后，秦某波仍多次骚扰梁某霖及其家人，使梁某霖面临家庭暴力的现实危险。人民法院可根据梁某霖的申请，签发人身安全保护令，禁止秦某波接触、骚扰、威胁梁某霖及其近亲属，禁止秦某波接近、进入梁某霖的住所地及其工作场所。

在执行过程中，可通过庭所联动机制和平台，将人身安全保护令向双方当事人梁某霖和秦某波的住所地、梁某霖工作单位所在地的派出所进行送达，从而引起公安机关的高度重视。如秦某波违反保护令构成违法行为的，可追究秦某波的行政责任、民事责任。如情节严重构成犯罪的，可依法追究秦某波的刑事责任。

案例七十三：公司申请人格权侵害禁令案

胡某渊是某房地产公司开发楼盘的业主。因不满房屋质量，胡某渊从2020年6月至9月期间，通过个人自媒体账号发布了10篇涉及该房地产公司的文章，文章内使用了大量过激性用语。

后该房地产公司以胡某渊侵害其名誉权为由向人民法院提起诉讼。诉讼期间，上述10篇文章被自媒体平台删除。此后，胡某渊又通过自媒体账号发布多篇文章，内容主要是对其购房遭遇的描述和房产质量的主观感受，文章同样包含情绪化用语。

2021年2月10日，该房地产公司向人民法院申请人格权侵害禁令，请求禁止胡某渊在自媒体平台发布侵害该公司名誉权的文章、言论。

问题：人民法院应裁定禁止胡某渊发布涉及该房地产公司的过激评论，还是裁定驳回该房地产公司的禁令申请？

分析：人民法院裁定驳回该房地产公司的禁令申请。

民法典第一百一十条第二款规定，法人、非法人组织享有名称权、名誉权和荣誉权。

第一千零二十四条规定，民事主体享有名誉权。任何组织或者个人不得以侮辱、诽谤等方式侵害他人的名誉权。

名誉是对民事主体的品德、声望、才能、信用等的社会评价。

第九百九十七条规定，民事主体有证据证明行为人正在实施或者即将实施侵害其人格权的违法行为，不及时制止将使其合法权益受到难以弥补的损害的，有权依法向人民法院申请采取责令行为人停止有关行为的措施。

第九百九十八条规定，认定行为人承担侵害除生命权、身体权和健康权外的人格权的民事责任，应当考虑行为人和受害人的职业、影响范围、过错程度，以及行为的目的、方式、后果等因素。

本案中，该房地产公司作为法人组织，依法享有名誉权。任何组织或者个人不得以侮辱、诽谤等方式侵害其名誉权。当该房地产公司认为网络不实言论或信息容易对其商业信用、股价、产品或服务声誉、营业活动等带来不利影响，导致公众对其社会评价降低或者带来此种风险时，有权行使法人人格权请求权。

胡某渊的行为是否侵害或具有足以侵害该房地产公司名誉权的危险，应当按照比例性原则，综合考量业主胡某渊与该房地产商之间的民事法律关系、行为性质、目的、方式等因素。

从案涉文章的内容来看，胡某渊的言论主要针对的是房屋质量及该房地产公司是否已履行承诺等问题，其中含有“骗”“忽悠”“坑业主”等情绪化用语，反映出胡某渊对楼盘质量的负面评价及对该房地产公司的不满情绪。尽管双方对文章描述的有关事实是否属实存在争议，但上述言论仍属购房者对购房体验和感受的主观描述，出于维权目的而发布的可能性较大，不同于故意捏造事实、恶意诽谤。故该房地产公司对此应当予以必要的容忍。

从文章阅读量来看，由于案涉文章主要通过胡某渊的自媒体账号发布，其案涉言论影响范围有限。即使存在部分针对该房地产公司的负面评价，该房地产公司亦能通过事后救济来弥补其财产损失。胡某渊的“负面评价”对该房地产公司造成的损害不具有急迫性、严重性、不可修复性和不可逆转性；而且，该房地产公司可以通过及时公布客观事实等手段进行回应，以防止其名誉受损。故人民法院裁定驳回该房地产公司人格权侵害禁令的申请。

上述案例表明，民事主体享有通过网络发表言论的权利，但不能逾越法律规定的边界。消费者在描述自身购物体验和发布评价的过程中，应当基于客观实际，不捏造事实、不恶意诋毁。经营者有权依法维护自身的名誉权，但应当尊重、容忍消费者对其产品或者服务进行正当评价的权利。

人格权编理论知识概述

一、人格权独立成编

我国民法典最大的亮点是人格权独立成编。人格权独立成编有以下三个方面的原因：

（一）加强人格权保护是世界民事立法的总体趋势

1970年，《法国民法典》修改时新增第9条及第16条关于隐私、身体完整权等人格权保护的条款。《德国民法典》在侵权法中规定了生命、身体、健康、自由、信用、性自主权等具体人格权利；同时，通过司法实践和学理研究，创设了一般人格权的概念，将其解释为第823条的“其他权利”。在民法典之外，国际上制定了大量保护人格权的国际公约，如在《公民权利与政治权利公约》中，有大量内容对具体的人格权作出规定。这一立法态势必然推动我国在民事立法中强化对人格权的保护。

（二）适应时代诉求，使人格权问题在民法中获得广阔的立法空间

在互联网、大数据、高科技时代，科学技术存在被滥用的风险，使个人生命健康、人格尊严、隐私、肖像、名誉、个人信息等人格利益更容易受到侵害，损害后果也更为严重，这要求民法典赋予人格权充分的立法空间。

设立人格权编，既能一般性地保护人身自由、人格尊严，又能丰富和扩展具体人格权的类型和内容；不仅能容纳现实生活中已有的人格权，而且通过承认一般人格权，形成对人格利益保护的兜底性条款，容纳未来生活中可能出现的新型人格权，从而保持人格权立法兼具法定性和开放性的特点。

（三）科学界定人格权

人格权独立成编，改变了仅对人格权列举式规定的弊端，对生命权、健康权、姓名权、肖像权、隐私权、名誉权、荣誉权等人格权的内容和行使方式作出明确界定，使其具有法律概念应有的逻辑性和科学性。

我国民法典将人格权独立成编，克服了传统大陆法系“重物轻人”的体系缺陷，实现了对人格权的全面保障，开启了权利保护的新篇章，使人

民群众活得更加有尊严，充分体现了民法典对普通民众的人文关怀。

（四）人格权体系

人格权体系：
- 物质性人格权：生命权、身体权、健康权
- 标表性人格权：姓名权、名称权、肖像权
- 精神性人格权：名誉权、荣誉权、隐私权
- 一般人格权：人身自由、人格尊严
- 其他人格利益：个人信息、声音等

二、人格权保护的一般规则

（一）确立诉前禁令制度

人格权不同于财产权，损害后果一旦发生，很难恢复原状，其损害后果往往具有不可逆性，尤其在互联网时代，互联网受众群体的超地域性，使侵害人格权的损害后果具有无限放大的效应。因此，保护人格权既应注重事后救济，更应注重事先预防。为此，人格权编设立了人格权行为禁令制度，以及时有效地制止侵权行为，从而达到防止损害的发生或扩大的法律效果。

（二）将精神损害赔偿纳入违约责任范围

在《中华人民共和国民法通则》的适用年代，违约之诉中不能主张精神损害赔偿，在违约责任和侵权责任竞合的情形下，当事人如果想主张精神损害赔偿，只能选择侵权之诉。但侵权之诉主要采取过错责任原则，权利人须承担较重的举证责任，更有甚者，因无法取证或取证失败导致权利人的精神损害得不到应有的补偿。

为更有效地保护合同当事人的精神利益，我国民法典人格权编第九百九十六条规定，因当事人一方的违约行为，损害对方人格权并造成严重精神损害，受损害方选择请求其承担违约责任的，不影响受损害方请求精神损害赔偿。

三、明确与人体有关的医学、科研活动规则

伴随着生物科技的爆炸性发展，现代医学在人体基因、人体胚胎、器官移植、干细胞、人体生殖辅助等领域取得了重大突破。在帮助人类繁衍、减轻疾病痛苦、延长人类寿命等领域，生物科技的革新功不可没，但同时，其在客观上也助长了人体器官买卖、代孕灰色产业链、基因改写等

一系列问题的出现，这不仅损害了生命权、健康权、人格尊严等人格权，也冲击了传统伦理秩序、善良风俗和社会公共利益。

针对上述问题，人格权编作出了明确回应，即禁止以任何形式买卖人体细胞、人体组织、人体器官、遗体；人体临床试验应依法经主管部门批准并经伦理委员会审查同意，应尊重受试者的知情同意权；为避免基因编辑技术可能带来先天畸形婴儿、新的疾病风险及其他难以估量的重大损害，规定从事与人体基因、人体胚胎等有关的医学和科研活动，应当遵守法律、行政法规和国家有关规定，不得违背伦理道德，不得损害公共利益。这说明与人体有关的医学、科研活动必须在科学、伦理的指引下健康有序地发展，不得违背公序良俗。

四、完善防止性骚扰规则

性骚扰行为侵害了自然人的性自主利益，损害了自然人的人格尊严与人身自由，对自然人的学习、工作和生活造成严重影响。民法典人格权编明确了性骚扰的定义、表现形式，其主观要件是违背他人意愿，客观要件是以言语、文字、图像、肢体行为等方式实施骚扰，厘清了性骚扰的边界，并且对于性骚扰的实施与受害主体的性别不再作限制，对男女在性自主方面提供同等保护。同时，考虑到利用从属关系进行性骚扰是性骚扰的主要表现形式之一，而单位对其工作人员有一定的管理和控制能力，所以，立法要求机关、企业、学校等单位承担一定的义务，采取合理的预防、受理投诉、调查处置等措施，防止和制止利用职权、从属关系等实施性骚扰。

五、禁止利用信息技术手段侵害肖像权

近年来，随着信息技术的发展，特别是 AI 合成等深度伪造技术的出现，一些不法行为人利用信息技术手段，制作高度逼真且难以识别的图片、视频，用于侮辱、诽谤他人。上述行为不仅侵害自然人的人格权益，严重的还可能危害国家安全和社会公共利益。故民法典第一千零一十九条对此做了明确回应，规定任何组织或者个人不得利用信息技术手段伪造等方式侵害他人的肖像权。

六、确立声音为新型的人格利益

声音与肖像一样，具有人身专属性，可识别个人身份，同时，声音也具有一定的经济价值。随着人工智能技术，特别是语音识别技术的发展，模仿甚至伪造他人声音已不存在技术障碍。未经同意模仿、使用或伪造他人的声音，可能会侵害他人的财产权益，更可能造成他人的精神损害。基于上述原因，民法典第一千零二十三条首次确认声音为新型的人格利益，并参照肖像权的规定予以法律保护。

七、确立隐私权的内涵与保护范围

隐私权是维护人格尊严、保护生活安宁、提升安全感的精神需求之法益表达。随着互联网技术的高速发展，数字经济时代正在深刻影响着人们的生活方式。如何在当下全面有效地保护个人空间成为迫在眉睫的司法实践难题。

民法典第一千零三十二条将隐私界定为“自然人的私人生活安宁和不愿为他人知晓的私密空间、私密活动、私密信息”，突出了“不愿意为他人知晓”这一特点。第一千零三十三条列举了五种利用现代科学技术侵犯隐私权的行为：以电话、短信、即时通讯工具、电子邮件、传单等方式侵扰他人的私人生活安宁；进入、拍摄、窥视他人的住宅、宾馆房间等私密空间；拍摄、窥视、窃听、公开他人的私密活动；拍摄、窥视他人身体的私密部位；处理他人的私密信息。以上法律规定，为人们应对现代科学技术发展所带来的隐私威胁提供了明确具体的依据。

八、对个人信息进行立体保护

随着人工智能、大数据、云计算的出现，信息的高效收集与使用变为现实，这一方面极大提高了市场经济资源配置的运行效率，促进了社会经济高质量的发展，另一方面也使个人信息面临着全面泄露与过度滥用的巨大风险。

民法典第一千零三十四条至一千零三十九条对个人信息保护作出了立体规定：明确了个人信息的定义，强调“可识别性”，并将电子邮箱和行踪信息规定为个人信息，扩大了个人信息的范围；同时，规定了信息处理者的保密义务，提高了个人信息的保护水平，为信息主体寻求民事救济提供了法律依据。

九、规范信用评价制度

信用是对民事主体偿付债务能力和意愿的评价，是民事主体从事市场经济活动和社会活动的基础。中国特色社会主义市场经济是信用经济，信用对民事主体的生存与发展尤为重要，一旦信用评价降低，民事主体的名誉将受到极大的损害，对个人的出行、消费、借贷、企业的存续与发展均产生重大的不利益。

民法典第一千零二十九条至一千零三十条规定了信用评价制度：一方面，要求信用评价机构在评估时须尽到高度注意义务，审慎、尽责、客观、公正地进行信用评价；另一方面，赋予民事主体相应的救济权，即在发现信用评价不当时，其有权查询、提出异议并要求信用评价机构采取更正和删除措施。上述规定有力保护了民事主体的信用利益。

视频资源 4

婚姻家庭编

婚姻家庭编典型案例

案例七十四：婚姻撤销权案

李某诚（女）与江某乔（男）经人介绍相识后，很快确定了恋爱关系，订婚后双方开始同居。登记结婚后数月，因为妻子已经怀孕，眼看纸终究包不住火，江某乔不得不向妻子坦白，其已身患艾滋病数年且长期服药。

虽然江某乔坚持表示其所罹患的艾滋病已不在传染期内，传染李某诚及其腹内宝宝的可能性极小，且最终经检查证明李某诚确实并未被传染，但丈夫的病依然让李某诚无法接受。尽管两人此前感情基础不错，但李某诚在几经内心挣扎思量后，还是决定终止妊娠并向人民法院起诉要求撤销婚姻。

问题：人民法院支持李某诚的诉讼请求吗？

分析：人民法院支持李某诚的诉讼请求，撤销其与江某乔的婚姻关系。

民法典第一千零五十三条规定，一方患有重大疾病的，应当在结婚登记前如实告知另一方；不如实告知的，另一方可以向人民法院请求撤销婚姻。请求撤销婚姻的，应当自知道或者应当知道撤销事由之日起一年内提出。

本案中，江某乔隐瞒自己患有艾滋病的事实，在结婚登记之前，未如实告知李某诚其患艾滋病的事实，李某诚在知情后的一年内，向人民法院起诉要求撤销婚姻，人民法院应予以支持，依法判决撤销双方的婚姻关系。婚姻关系被撤销后，李某诚与江某乔的婚姻自始没有法律约束力。

案例七十五：无过错方主张精神损害赔偿案

2020年12月底，韩某依（女）与项某乐（男）办理结婚登记，次年5月1日举行婚礼。婚礼后不久，二人因金钱开支发生矛盾。5月底，项某乐外出务工。6月，韩某依以二人性格不合为由，向人民法院起诉要求离婚。但项某乐认为二人仅是因琐事发生矛盾，夫妻感情并未破裂，不同意离婚。人民法院经审理后判决驳回了韩某依的诉讼请求。此后，双方聚少离多，未再共同生活。

2022年2月，韩某依再次向人民法院起诉离婚。一审中项某乐提起反诉，要求韩某依给付精神损害抚慰金4万元，理由是韩某依于二人婚姻关系存续期间与案外人刘某信以夫妻名义同居，违反夫妻忠实义务；并出示了刘某信诉韩某依婚约财产纠纷一案的庭审笔录及判决书。此份判决书中，刘某信和韩某依均认可二人于2021年9月至2022年1月间，以夫妻名义同居生活的事实。韩某依认为自己与项某乐共同生活时间不长，对离婚的过错不大，4万元精神抚慰金过高，只愿意赔偿1万元。

问题：人民法院应当判决韩某依与项某乐离婚吗？如果判决离婚，如何计算精神抚慰金？

分析：人民法院应判决两人离婚。人民法院应结合当地人均生活水平、双方婚姻关系存续时间以及韩某依的过错程度，来认定精神抚慰金的数额。

民法典第一千零九十一条规定，有下列情形之一，导致离婚的，无过错方有权请求损害赔偿：

（一）重婚；

（二）与他人同居；

（三）实施家庭暴力；

（四）虐待、遗弃家庭成员；

（五）有其他重大过错。

本案中，韩某依在与项某乐婚姻关系存续期间，与刘某信以夫妻名义共同生活的行为，符合上述条款第二项的情形。现代社会虽倡导婚恋自由，但绝不容忍以恋爱自由为名破坏婚姻关系。韩某依罔顾项某乐的感受，违背夫妻忠诚义务，在与项某乐的婚姻关系存续期间公然与他人以夫妻名义同居生活，其行为不仅对项某乐造成了较大的精神伤害，更是违背了公序良俗以及社会主义核心价值观的内在要求。韩某依公然挑战了法律底线和道德底线，人民法院应判决两人离婚，且由过错方韩某依向无过错方项某乐承担精神损害赔偿责任。

人民法院在确定精神损害赔偿数额时，应综合考量当地人均生活水平、双方婚姻关系存续时间以及韩某依的过错程度等因素。故项某乐主张 4 万元的精神损害抚慰金合法合理，无过当之嫌，人民法院应支持其诉讼请求。

案例七十六：婚姻关系存续期间配偶一方请求分割共同财产案

张某辉的父亲早亡，母亲与他相依为命。在张某辉和宋某慧结婚六年后，张母突患重病，急需一大笔钱。宋某慧不同意张某辉用夫妻共同财产为婆婆治病。张某辉愤而提出离婚，宋某慧不同意。后张某辉诉至人民法院，请求分割夫妻共同财产。

问题：人民法院支持张某辉的诉讼请求吗？

分析：人民法院支持张某辉的诉讼请求，张某辉有权请求分割夫妻共同财产。

民法典第一千零六十六条规定，婚姻关系存续期间，有下列情形之一的，夫妻一方可以向人民法院请求分割共同财产：

（一）一方有隐藏、转移、变卖、毁损、挥霍夫妻共同财产或者伪造夫妻共同债务等严重损害夫妻共同财产利益的行为；

（二）一方负有法定扶养义务的人患重大疾病需要医治，另一方不同意支付相关医疗费用。

本案中，张某辉对其母亲负有法定赡养义务，其母亲突发重病需要治疗，但张某辉的配偶宋某慧不同意支付医疗费。前述情形符合夫妻关系存续期间对共同财产进行分割的事由。故张某辉有权请求人民法院分割其与宋某慧的夫妻共同财产。

案例七十七：婚前房产案

郑某元于2017年5月以200万元人民币的价格购置了一套商品房，并在当月付清了全款。次年，郑某元和孙某珂登记结婚。2018年8月，郑某元将该房屋产权登记在夫妻双方名下，之后两人又共同出资对该房屋进行了装修并购买了车位。因当初购房时的房款中有部分是郑某元向他人所借，两人婚后共同归还了借款12万元。

婚后三年，两人因生活矛盾导致夫妻感情破裂，经人民法院调解离婚，但两人对房屋的归属存在争议，再次引发诉讼。郑某元认为，该房屋是自己在婚前全款购买，属于婚前财产，婚后在房产证上添加孙某珂的名字，是为了增进夫妻感情、加强彼此信任，但并不代表该房产变成夫妻共同财产。孙某珂提出，虽然该房产由郑某元婚前出资购买，但婚后登记在双方名下，为双方共有财产。在没有约定份额的情况下，应视为双方各自拥有案涉房产一半的份额。且双方婚后共同装修、购买车位、归还购房借款12万元，自己为案涉房产付出了较多的精力和财力，理应拥有案涉房产一半的份额。

问题：该处房产应当由郑某元和孙某珂均分吗？

分析：孙某珂不能分得该处房产一半的份额。

民法典第一千零八十七条规定，离婚时，夫妻的共同财产由双方协议处理；协议不成的，由人民法院根据财产的具体情况，按照照顾子女、女方和无过错方权益的原则判决。

上述法条说明，民法典以及《最高人民法院关于适用〈中华人民共和国民法典〉婚姻家庭编的解释（一）》并没有沿用1993年《最高人民法院关于人民法院审理离婚案件处理财产分割问题的若干具体意见》第8条关于“原则上均等分割”的表述。这是因为房产这种大额资产，很可能是某一方倾其所有甚至掏空整个家庭的全部积蓄获得的，有的家庭还因此四处举债、负债累累。仅仅因为婚后加名就在离婚时被另一方分走一半的份额，对于很多家庭来说是根本无法承受的。

本案中，案涉房产虽是郑某元婚前出资购买，但权属登记在双方名下，且婚后双方曾共同清偿购买上述房屋所负的债务，该房屋应认定为婚姻存续期间的夫妻共同财产。

考虑到该房产由男方婚前个人出资，房产登记簿上记载两人名字的目的是增进夫妻感情、加强彼此信任、巩固夫妻关系，以及婚后双方共同清偿了购买此房所负债务12万元、结婚存续时间等因素，人民法院判决该房屋归郑某元所有，由郑某元给付孙某珂房产价款百分之二十的补偿。

案例七十八：无过错方向婚外第三者追讨夫妻共同财产案

2018年蓝某翔（男）与罗某维（女）登记结婚，婚后生育一子。2021年蓝某翔与彭某越（女）开始保持不正当男女关系，蓝某翔以微信转账方式经常向彭某越转款，其间彭某越多次要求蓝某翔离婚。至2023年春节，共计转账55笔，合计6万元人民币。其中金额为“520”元、“1314”元等具有特定含义的转账有15笔，共计3万元。妻子罗某维发现后诉至人民法院，请求判令彭某越返还6万元。彭某越辩称，其中15笔具有“爱情象征意义”的转账出自蓝某翔自愿、真意，不应返还。

问题：彭某越应向罗某维返还多少金额?

分析：彭某越应向罗某维返还6万元，而非3万元。

民法典第八条规定，民事主体从事民事活动，不得违反法律，不得违背公序良俗。

第一千零四十三条规定，家庭应当树立优良家风，弘扬家庭美德，重视家庭文明建设。夫妻应当互相忠实，互相尊重，互相关爱；家庭成员应当敬老爱幼，互相帮助，维护平等、和睦、文明的婚姻家庭关系。

第一千零六十二条规定，夫妻在婚姻关系存续期间所得的下列财产，为夫妻的共同财产，归夫妻共同所有：

（一）工资、奖金、劳务报酬；

（二）生产、经营、投资的收益；

（三）知识产权的收益；

（四）继承或者受赠的财产，但是本法第一千零六十三条第三项规定的除外；

（五）其他应当归共同所有的财产。

夫妻对共同财产，有平等的处理权。

本案中，蓝某翔与罗某维婚姻存续期间所取得的财产，为夫妻共同财产，归夫妻共同所有。蓝某翔或罗某维非因日常生活需要处分夫妻共同财产时，应当协商一致，任何一方无权单独处分夫妻共同财产。

蓝某翔擅自将部分夫妻共同财产赠与彭某越，彭某越明知蓝某翔有配偶，而与其保持不正当的情人关系，并收受其赠送的钱款，不管赠与是否具有“爱情象征意义”，其行为都有悖于社会公序良俗，故蓝某翔的赠与行为无效，罗某维作为共有人有权要求彭某越返还 6 万元。

案例七十九：过错方及其婚外第三者的财产处理案

周某颖于 2016 年认识了已婚男子汤某译，后两人开始同居生活至 2021 年。五年间，汤某译为周某颖买房买车等共计花费 300 万元人民币。现汤某译的妻子陶某慧起诉离婚，并要求周某颖返还 300 万元。周某颖认为房和车是汤某译自愿赠与的，无须返还。陶某慧遂将周某颖诉至人民法院。

问题：人民法院支持陶某慧的诉讼请求吗?

分析：人民法院支持陶某慧的诉讼请求，判决汤某译和陶某慧离婚，汤某译应少分或不分夫妻共同财产；周某颖应向陶某慧返还 300 万元。

民法典第一千零六十二条规定，夫妻在婚姻关系存续期间所得的下列财产，为夫妻的共同财产，归夫妻共同所有：

（一）工资、奖金、劳务报酬；

（二）生产、经营、投资的收益；

（三）知识产权的收益；

（四）继承或者受赠的财产，但是本法第一千零六十三条第三项规定的除外；

（五）其他应当归共同所有的财产。

夫妻对共同财产，有平等的处理权。

第一千零八十七条第一款规定，离婚时，夫妻的共同财产由双方协议处理；协议不成的，由人民法院根据财产的具体情况，按照照顾子女、女方和无过错方权益的原则判决。

第一千零七十九条第三款规定，有下列情形之一，调解无效的，应当准予离婚：

（一）重婚或者与他人同居；

（二）实施家庭暴力或者虐待、遗弃家庭成员；

（三）有赌博、吸毒等恶习屡教不改；

（四）因感情不和分居满二年；

（五）其他导致夫妻感情破裂的情形。

本案中，汤某译为周某颖花费的 300 万元属于夫妻共同财产。汤某译对周某颖的赠与行为损害了陶某慧作为配偶所享有的夫妻共同财产利益。陶某慧作为夫妻财产的共有人，有权向周某颖全额追回 300 万元。

汤某译在夫妻关系存续期间，与周某颖同居生活长达五年，符合民法典第一千零七十九条第三款第一项起诉离婚的情形。故人民法院支持陶某慧的诉讼请求，判决汤某译和陶某慧离婚；且作为无过错方，陶某慧在起诉离婚时还可以主张在分割夫妻共同财产时，过错方汤某译少分或者不分。

案例八十：婚姻关系存续期间一方隐匿夫妻共有财产案

周某云（男）与林某娜（女）2017 年登记结婚。周某云素来爱买彩票，林某娜对此不以为意。2022 年的某天，周某云真的中了大乐透，奖金为 1000 万元人民币，税后所得 843 万元。周某云此时却起了私心，向妻子林某娜隐瞒中奖之事。奖金到账的当天，周某云便偷偷向自己的姐姐转账 200 万元。此后，他又用奖金陆续为前妻支付购房款 70 余万元。夫妻二人本就感情不和，半年后得知真相的林某娜向人民法院起诉离婚，主张分割夫妻共同财产，并要求周某云返还其偷偷转移的彩票奖金 270 余万元的三分之二。

问题：人民法院支持林某娜的诉讼请求吗？

分析：人民法院支持林某娜的诉讼请求，判决周某云和林某娜离婚，周某云应少分或不分夫妻共同财产，且应向林某娜返还 180 余万元。

民法典第一千零六十五条第一款规定，男女双方可以约定婚姻关系存续期间所得的财产以及婚前财产归各自所有、共同所有或者部分各自所有、部分共同所有。约定应当采用书面形式。没有约定或者约定不明确的，适用本法第一千零六十二条、第一千零六十三条的规定。

第一千零九十二条规定，夫妻一方隐藏、转移、变卖、毁损、挥霍夫妻共同财产，或者伪造夫妻共同债务企图侵占另一方财产的，在离婚分割夫妻共同财产时，对该方可以少分或者不分。离婚后，另一方发现有上述行为的，可以向人民法院提起诉讼，请求再次分割夫妻共同财产。

本案中，周某云在婚姻关系存续期间买彩票中奖，在无特别约定的情况下，该笔奖金属于周某云与林某娜的夫妻共同财产，应由夫妻共享而非周某云一方独得。周某云隐瞒真相，通过转账给其姐姐 200 万元，为前妻支付房款 70 余万元，属于隐藏、转移夫妻共同财产的形为。

周某云隐藏、转移夫妻共同财产的行为是林某娜提请诉讼离婚的主要原因，符合民法典第一千零七十九条第三款第五项起诉离婚的情形。故人民法院支持林某娜的诉讼请求，在离婚分割夫妻共同财产时，周某云作为过错方可以少分或者不分，且应向林某娜返还 180 万元（270 余万元的三分之二）。

案例八十一：夫妻共同债务案

梁某年（男）与何某欢（女）于 2017 年 6 月 18 日登记结婚。梁某年是私人老板，何某欢婚后未出去工作。2021 年 7 月 10 日，梁某年从祝某朴处购买镀锌板，总货款 15 万元人民币，但其仅支付了 5 万元，余款未付。2021 年 7 月 23 日，梁某年向祝某朴出具欠条一张，承诺 2021 年 8 月 26 日还清剩余的 10 万元。2021 年 9 月 16 日，梁某年、何某欢登记离婚。

后祝某朴多次向梁某年催要欠款未果，无奈诉至人民法院，要求梁某年和何某欢偿还欠款。何某欢辩称，其并不参与梁某年的生意经营，该笔债务并非夫妻共同债务。

问题：该笔欠款是夫妻共同债务还是梁某年的个人债务？

分析：该笔欠款是夫妻共同债务。

民法典第一千零六十四条规定，夫妻双方共同签名或者夫妻一方事后追认等共同意思表示所负的债务，以及夫妻一方在婚姻关系存续期间以个人名义为家庭日常生活需要所负的债务，属于夫妻共同债务。

夫妻一方在婚姻关系存续期间以个人名义超出家庭日常生活需要所负的债务，不属于夫妻共同债务；但是，债权人能够证明该债务用于夫妻共同生活、共同生产经营或者基于夫妻双方共同意思表示的除外。

本案中，何某欢辩称其不参与梁某年的经营，但经查企业登记信息可知，两人在2018年7月13日注册成立某钢板公司从事彩涂钢卷销售业务，而彩涂钢卷来自对镀锌板的加工。由此可推定，何某欢知晓丈夫梁某年为公司业务借钱的可能性极大。

再者，何某欢婚后未出去工作，其与梁某年的家庭生活开支，主要来源于彩涂钢卷生意的收入，那么，至少可认定该项经营收益的部分用于夫妻共同生活，则夫妻关系存续期间所欠祝某朴的价款应被认定为夫妻共同债务。何某欢应对该笔10万元的债务承担连带还款责任。

案例八十二：结婚彩礼案

石某美（女）和田某飞（男）于2021年底通过网络相识、确定恋爱关系。2022年3月，二人登记结婚，田某飞一家给付石某美彩礼36万元人民币。婚后，二人因胎儿早产夭折发生尖锐矛盾。结婚仅六个月，石某美诉至人民法院要求与田某飞离婚。审理中，田某飞认为石某美结婚动机不纯，存在骗婚行为，同意离婚，但要求返还彩礼36万元。石某美则认为，二人已经共同生活，田某飞无权要求返还彩礼。

问题：田某飞有权要求石某美返还全部彩礼现金吗？

分析：石某美应返还部分的彩礼现金。

民法典第一千零四十二条第一款规定，禁止包办、买卖婚姻和其他干涉婚姻自由的行为。禁止借婚姻索取财物。

《最高人民法院关于适用〈中华人民共和国民法典〉婚姻家庭编的

解释（一）》第五条规定，当事人请求返还按照习俗给付的彩礼的，如果查明属于以下情形，人民法院应当予以支持：（一）双方未办理结婚登记手续；（二）双方办理结婚登记手续但确未共同生活；（三）婚前给付并导致给付人生活困难。

适用前款第二项、第三项的规定，应当以双方离婚为条件。

本案中，石某美和田某飞感情确已破裂，应准予离婚。关于彩礼应否全额返还，应结合《最高人民法院关于适用〈中华人民共和国民法典〉婚姻家庭编的解释（一）》第五条的规定认定考量。法条中的“共同生活”，应理解为夫妻双方主观上有共同生活的愿望，客观上共同履行夫妻及家庭义务，保持长期、持续、稳定的生活状态。石某美与田某飞共同生活时间短，其间双方亦有矛盾，没有建立真正的夫妻感情，没有形成稳定的家庭关系。同时考虑到，田某飞家庭经济条件并不富裕，36 万元的彩礼对于普通家庭而言是一笔巨大开支。根据公序良俗原则，结合双方过错程度等因素，人民法院判决两人离婚，并酌定由石某美向田某飞返还彩礼 24 万元。

案例八十三：未成年子女抚养案

印某华（男）与谭某燕（女）于 2012 年登记结婚，2013 年生育一女，2014 年生育一子。2019 年起，夫妻两人因性格不合开始分居生活。2022 年谭某燕起诉离婚，并主张对一双儿女的抚养权。印某华同意离婚，但坚持由自己抚养一对儿女。承办法官多次给原被告做调解工作，双方仍坚持自己的意见。

问题：人民法院支持谭某燕的诉讼请求吗？

分析：人民法院判决谭某燕与印某华离婚，判决一对儿女由谭某燕与印某华轮流抚养。

民法典第一千零八十四条第三款规定，离婚后，不满两周岁的子女，以由母亲直接抚养为原则。已满两周岁的子女，父母双方对抚养问题协议不成的，由人民法院根据双方的具体情况，按照最有利于未成年子女的原则判决。子女已满八周岁的，应当尊重其真实意愿。

《最高人民法院关于适用〈中华人民共和国民法典〉婚姻家庭编的解释（一）》第四十八条规定，在有利于保护子女利益的前提下，父母

双方协议轮流直接抚养子女的，人民法院应予支持。

本案中，两个孩子均已满八岁，从来没有分开生活过。在谭某燕与印某华分居期间，两个孩子实际上也是由二人轮流抚养。承办法官在征求两个孩子的意见时，两人均表示不愿和对方分开。

承办法官认为，维持轮流抚养的状态，对孩子们的生活影响不大，而且更有利于孩子的健康成长。虽然现行法律仅规定了调解情形下婚生子女可以轮流抚养，但结合实际情况，鉴于双方均无不利于子女成长的明显障碍，双方均强烈要求子女随自己生活，且子女实际上是由双方轮流抚养，从最大限度保护未成年人健康成长的角度出发，参照法律对轮流抚养的立法精神，判决谭某燕与印某华轮流抚养这一对婚生子女。

这一案例表明，从最有利于未成年人成长发育以及利益最大化的原则出发，如果离异双方的个人条件没有不利于未成年人成长的因素，且双方均有抚养子女的真实意愿，判决婚生子女轮流抚养并无不当。轮流抚养子女的方式，能够保障未成年子女和父母双方的亲密接触，使子女得到相对完整的父爱和母爱，最大限度地减轻父母离异对子女造成的心理创伤，有利于未成年子女人格、情感方面的健康成长；也能满足父母双方都要求直接抚养子女、与子女共同生活的意愿，相对减轻父母之间因失去抚养权而产生的不满、对立情绪，有利于父母与子女之间建立良好的亲子关系。

案例八十四：离婚冷静期新增财产归属案

裴某苍（男）与甘某婷（女）因感情破裂协议离婚，因女儿随甘某婷生活，二人约定由裴某苍向甘某婷支付 100 万元人民币的抚育补偿款。2021 年 4 月 1 日两人签署离婚协议书，并到户籍所在地的民政部门办理离婚登记。2021 年 5 月 5 日两人拿到离婚证。

离婚三个月后，裴某苍仍未向甘某婷支付 100 万元，甘某婷遂诉至人民法院，要求裴某苍给付 100 万元的抚育补偿款，并且均分裴某苍于 2021 年 4 月 21 日从其母亲肖老太太处继承的房屋份额。

对于前妻甘某婷的诉讼请求，裴某苍认为毫无道理。一方面，二人已经分居十余年，其间甘某婷从未看望过婆婆，其作为儿媳没有尽到赡养义务，而裴某苍经常去照顾老母亲，所以肖老太太在临终前立有遗嘱，分给裴某苍较多的遗产份额。另一方面，二人离婚时，甘某婷明知其没有能力支付100万元的补偿款，需要继承其母亲的遗产后才有能力支付。因此，甘某婷事实上已经同意以售房款来支付补偿款，不应当再要求分割售房款。

问题：人民法院支持甘某婷的诉讼请求吗？

分析：人民法院支持甘某婷的诉讼请求，裴某苍支付100万元的抚育补偿款和50%的售房款。

民法典第一千零六十二条规定，夫妻在婚姻关系存续期间所得的下列财产，为夫妻的共同财产，归夫妻共同所有：

（一）工资、奖金、劳务报酬；

（二）生产、经营、投资的收益；

（三）知识产权的收益；

（四）继承或者受赠的财产，但是本法第一千零六十三条第三项规定的除外；

（五）其他应当归共同所有的财产。

夫妻对共同财产，有平等的处理权。

第一千零六十三条规定，下列财产为夫妻一方的个人财产：

（一）一方的婚前财产；

（二）一方因受到人身损害获得的赔偿或者补偿；

（三）遗嘱或者赠与合同中确定只归一方的财产；

（四）一方专用的生活用品；

（五）其他应当归一方的财产。

本案中，首先，肖老太太于2021年4月21日去世，发生在裴某苍与甘某婷的离婚冷静期内，两人仍处于婚姻关系存续期间；且肖老太太的遗嘱中并未明确写明只由裴某苍一人继承房产份额，由此可推定其继承的房产份额属于裴某苍与甘某婷的夫妻共同财产。

其次，根据离婚协议，裴某苍自愿支付甘某婷100万元补偿款，但离婚协议书中并未提及裴某苍从其母亲处继承取得的房产份额应当如何分割，亦未明确约定售房款是裴某苍基于继承取得房产份额再转移支付给甘某婷的抚育补偿款。

再次，裴某苍声称甘某婷明知100万元补偿款只能通过出售继承房产份额进行支付，但补偿款如何支付与补偿款本身并非同一概念，故裴某苍变卖继承的房产份额所分得的售房款属于一项新增的、并未进行分割的夫妻共同财产，与此前约定的补偿款无关。因此，裴某苍继承的房产份额属于夫妻共同财产，归裴某苍与甘某婷共有，甘某婷有权主张分割该笔售房款。

最后，裴某苍辩称甘某婷未尽到对婆婆的赡养义务而无权分得售房款，人民法院认为，甘某婷要求分割售房款是基于无明确约定情况下，婚姻存续期间继承取得的财产属于夫妻共同财产，并非基于甘某婷直接继承肖老太太的遗产所得，故该项抗辩不成立。

故人民法院支持甘某婷的诉讼请求，裴某苍应支付100万元的抚育补偿款；在没有特殊因素有待考量的情况下，售房款由裴某苍和甘某婷均分，各获得50%的款项。

案例八十五：离婚补偿金案

马某仁（男）与林某珍（女）于1990年4月登记结婚，婚后育有一儿一女。1996年，马某仁离家外出务工，小孩一直由林某珍照顾，马某仁只在逢年过节才回家探望，其间从未支付子女抚养费，亦未承担过家庭生活开支。

2022年，马某仁以夫妻感情彻底破裂为由，向人民法院提起诉讼，请求判令原被告解除婚姻关系。林某珍亦同意离婚，人民法院依法予以确认准许马某仁、林某珍离婚，但林某珍主张的经济补偿金双方未达成一致意见。

问题：林某珍有权要求马某仁予以经济补偿吗？

分析：林某珍有权要求马某仁支付合理的补偿金，人民法院应支持林某珍的诉讼请求。

民法典第一千零八十八条规定，夫妻一方因抚育子女、照料老年人、协助另一方工作等负担较多义务的，离婚时有权向另一方请求补偿，另一方应当给予补偿。具体办法由双方协议；协议不成的，由人民法院判决。

上述法条说明，家务劳动虽无薪酬，但对家庭生活和社会生产具有重要意义，其所创造的价值受法律认可与保护。夫妻一方在抚育子女、照料老人、协助另一方工作中付出较多时间和精力，是对个人工作选择、收入能力、发展前景机会的放弃和牺牲。在离婚时，家务劳动付出较多的一方应当获得另一方支付的经济补偿金。

对于离婚经济补偿金的数额问题，需要综合考虑当地生活水平、婚姻关系存续期间另一方的经济能力等因素。

本案中，林某珍要求马某仁支付经济补偿金于法有据。关于如何计算经济补偿金，需要综合考虑林某珍所在地的平均生活水平、婚姻关系存续期间马某仁的经济收入等因素。故人民法院支持林某珍的诉讼请求。

案例八十六：外祖父母抚养外孙子女案

王某骏（男）与李某兮（女）为夫妻，育有一子王某斌。王某骏父母早亡，李某兮父母已退休且退休金丰厚。2020 年王某骏一家三口外出发生车祸，王某骏当场死亡，李某兮严重受创，丧失劳动能力，王某斌尚未成年。李某兮请求其父母抚养照顾王某斌。李某兮父母认为，他们只是王某斌的外祖父母，不是法定监护人，对王某斌没有抚养义务。李某兮无奈，将其父母诉至人民法院。

问题：王某斌的外祖父母有抚养义务吗？

分析：王某斌的外祖父母对外孙子女负有法定的抚养义务。

民法典第一千零七十四条第一款规定，有负担能力的祖父母、外祖父母，对于父母已经死亡或者父母无力抚养的未成年孙子女、外孙子女，有抚养的义务。

祖父母、外祖父母与孙子女、外孙子女是隔代直系血亲，也是除亲子关系之外的最近的直系血亲。祖孙之间虽然不同于亲子关系，但是基于对历史传统、亲属感情、民间习惯及部分“缺损家庭”的现实和社会保障水平等多种因素的考虑，为了充分保障未成年人的基本生活，法律规定有负担能力的祖父母、外祖父母，对于父母一方死亡、另一方确无能力抚养或父母均丧失抚养能力的未成年的孙子女、外孙子女有抚养的义务。

祖父母、外祖父母对孙子女、外孙子女履行抚养义务，必须同时满足以下三个条件：

第一，孙子女、外孙子女为未成年人。**依据民法典第十七条规定，不满十八周岁的自然人为未成年人**。只有在孙子女、外孙子女不满十八周岁时，祖父母、外祖父母才有抚养义务，如果孙子女和外孙子女已满十八周岁，即使不能独立生活，祖父母、外祖父母也没有法定的抚养义务。

第二，孙子女、外孙子女的父母已经死亡或父母无力抚养。这里的死亡包括自然死亡和宣告死亡。父母无力抚养是指不能以自己的收入满足子女合理的生活、教育、医疗等需要。

第三，祖父母、外祖父母有负担能力。有负担能力，是指以自己的劳动收入和其他收入满足自己及其第一顺序扶养权人（配偶、子女和父母）的合理生活、教育、医疗等需求后仍有剩余。

本案中，王某斌尚未成年，其父亲王某骏已死亡，母亲李某兮丧失劳动能力，无法将儿子抚养长大。王某斌的外祖父母退休金丰厚，具有负担能力，符合外祖父母履行抚养义务的三个条件。故人民法院应支持李某兮的诉讼请求，由王某斌的外祖父母将其抚养至十八周岁。

案例八十七：孙子女赡养祖父母案

苏某澜、费某青夫妇仅有一子苏某强，苏某强生育有苏某甲等三个子女，现均已成家立业。苏某强于2019年死亡，而苏某澜、费某青夫妇年老多病，需要赡养。2020年经当地居民委员会调解，由苏某甲等三兄弟每人每年支付其祖父母1万元的赡养费。后因其他缘由，苏某甲等三兄弟于2022年拒绝支付赡养费。苏某澜和费某青诉至人民法院，要求苏某甲等三兄弟支付2022年的赡养费，且以后每年继续按此标准履行赡养义务。

问题：苏某甲等三兄弟对苏某澜、费某青夫妇有赡养义务吗？

分析：苏某甲等三兄弟对苏某澜、费某青夫妇有法定的赡养义务。**民法典第一千零七十四条第二款规定，有负担能力的孙子女、外孙子女，对于子女已经死亡或者子女无力赡养的祖父母、外祖父母，有赡养的义务。**

孙子女、外孙子女对祖父母、外祖父母承担赡养义务，必须同时满足以下三个条件：

第一，祖父母、外祖父母需要赡养。孙子女、外孙子女对祖父母、外祖父母的赡养是以其父母的赡养义务为基础的，因此，孙子女、外孙子女的赡养条件不应宽于其父母的赡养条件。**依据民法典第一千零六十七条第二款的规定，缺乏劳动能力或者生活困难的父母，有要求成年子女给付赡养费的权利**。因此，祖父母、外祖父母也只有在缺乏劳动能力或者生活困难时，才可向孙子女、外孙子女提出给付赡养费的要求。如果祖父母、外祖母有经济收入或来源，可以负担自身生活所需，就不能要求孙子女、外孙子女承担赡养义务。

第二，祖父母、外祖父母的子女已经死亡或子女无力赡养。这里的死亡亦包括自然死亡和宣告死亡。无力赡养，是指祖父母、外祖父母的子女不能以自己的收入满足其合理的生活、教育、医疗等需要。应注意的是，这里的“子女”不应限于特定孙子女、外孙子女的父母，应包括祖父母、外祖父母的所有子女。

第三，孙子女、外孙子女有负担能力。有负担能力是指孙子女、外孙子女以自己的收入满足自己及其第一顺序扶养权人（配偶、子女和父母）合理的生活、教育、医疗等需求后仍有剩余。如果孙子女、外孙子女中数人均有负担能力，应根据他们的经济情况共同负担。

本案中，作为祖父母的苏某澜、费某青夫妇，年老多病需要赡养，而其唯一的子女苏某强已死亡。苏某强生育的苏某甲等三个子女，均已成家立业，具有负担能力，符合孙子女履行赡养义务的三个条件。故人民法院应支持苏某澜、费某青夫妇的诉讼请求，即由有负担能力的苏某甲等孙子女，对于儿子已经死亡的祖父母苏某澜、费某青夫妇，承担法定的赡养义务。苏家三兄弟应支付拖欠的 2022 年 3 万元赡养费，且以后每年继续按此标准履行赡养义务。

案例八十八：成年子女行使探望权案

西某庆与姐姐潘某婷是同母异父的姐弟。由于家庭关系复杂，西某庆与潘某婷往来不多，母亲潘老太太长期由潘某婷照顾。2020 年，潘老太太患阿尔茨海默病，被宣告为无民事行为能力人，姐姐潘某婷为其监护人。此后，西某庆多次提出要去姐姐家探望母亲，都被潘某婷回避或拒绝。西某庆遂诉至人民法院，要求准许其每月探望母亲一次。潘某婷认为，赡养父母是子女的义务而非权利，且母亲已不认识西某庆，无法做出真实的意思表达。自己是母亲的监护人，有权拒绝西某庆的要求。

问题：人民法院支持西某庆的诉讼请求吗？

分析：人民法院支持西某庆的诉讼请求，即其有权探望潘老太太。

民法典第八条规定，民事主体从事民事活动，不得违反法律，不得违背公序良俗。

第二十六条第二款规定，成年子女对父母负有赡养、扶助和保护的义务。

第一百一十二条规定，自然人因婚姻家庭关系等产生的人身权利受法律保护。

《中华人民共和国老年人权益保障法》第十八条规定，家庭成员应当关心老年人的精神需求，不得忽视、冷落老年人。

与老年人分开居住的家庭成员，应当经常看望或者问候老年人。

上述法条说明，父母与子女之间的关系在婚姻家庭关系中至为重要。看望父母是子女应尽的义务，也是基于血亲或拟制血亲关系而派生的自然权利，是自然人身份权的具体体现，应受法律保护。同时，赡养父母是中华民族的传统美德，更是法律对成年子女的基本要求。成年子女探望父母也是其对父母进行赡养、扶助和保护的一种表现，符合民法典公序良俗原则的要求。

本案中，西某庆作为潘老太太的儿子，有权探望其母亲。该案的特殊性在于潘老太太患阿尔茨海默病，被宣告为无民事行为能力人。西某庆在行使其探望权时，要充分考虑潘老太太的精神健康状况、认知水平、居住情况等，保证其享有安静有序的生活环境。作为子女，西某庆与潘某婷应摒弃恩怨、和睦共处，共同为潘老太太营造幸福温馨的晚年生活环境。

案例八十九：家暴离婚案

黄某钰（女）和石某磊（男）婚后因为经济纠纷产生矛盾，导致婚姻失和，黄某钰偷偷将胎儿引产，为此石某磊多次殴打黄某钰。黄某钰在被打后将石某磊诉至人民法院，要求离婚并请求赔偿损失。石某磊以生育权被侵害为由提起反诉，要求黄某钰承担精神损害赔偿责任。

问题：人民法院支持黄某钰的还是石某磊的诉讼请求？

分析：人民法院支持黄某钰的诉讼请求。

《中华人民共和国妇女权益保障法》第三十二条规定，妇女依法享有生育子女的权利，也有不生育子女的自由。

《最高人民法院关于适用〈中华人民共和国民法典〉婚姻家庭编的解释（一）》第二十三条规定，夫以妻擅自终止妊娠侵犯其生育权为由请求损害赔偿的，人民法院不予支持；夫妻双方因是否生育发生纠纷，致使感情确已破裂，一方请求离婚的，人民法院经调解无效，应依照民法典第一千零七十九条第三款第五项的规定处理。

以上法条说明，婚姻关系存续期间，男方虽然享有生育权，但以女方自愿为前提，故男方的生育权并非法定权利，男方的损害赔偿请求权得不到人民法院的支持。

本案中，石某磊多次殴打黄某钰，实施家庭暴力，属于提起诉讼离婚并主张赔偿损失的事由，故人民法院支持黄某钰的诉讼请求。但石某磊以生育权被侵害为由主张精神损害赔偿的请求于法无据，人民法院不予支持。

案例九十：成年子女否认亲子关系案

姚某昕自幼由姚某震、白某妮夫妻抚养，户口簿载明双方为父母子女关系。姚某昕成年后，姚某震和白某妮为其购置房产、助其成家立业。后姚某昕偶然从老街坊处得知自己并非亲生，心中暗喜自己可以不向二老给付赡养费了，遂一纸诉状将姚某震和白某妮诉至人民法院，要求否认双方存在父母子女关系。

问题：人民法院支持姚某昕的诉讼请求吗？

分析：不支持，人民法院裁定驳回姚某昕的起诉。

民法典第一千零七十三条规定，对亲子关系有异议且有正当理由的，父或者母可以向人民法院提起诉讼，请求确认或者否认亲子关系。

对亲子关系有异议且有正当理由的，成年子女可以向人民法院提起诉讼，请求确认亲子关系。

上述法条说明，亲子关系原则上以真实血缘关系为基础，同时兼顾亲子关系的安定性、巩固既存亲情伦理的有序性和维护家庭和社会的稳定性，故民法典提高了此类诉讼的门槛。首先，请求确认或否认亲子关系的主体只能是父或母一方；成年子女只能请求确认亲子关系，法律并未赋予成年子女请求否认亲子关系的权利。其次，当事人提出亲子关系确认或否认之诉时应具有正当理由，即承担相应的举证责任。

本案中，姚某昕是成年子女，其起诉要求认定其与姚某震、白某妮夫妻之间事实上不存在亲子关系的主张，与第一千零七十三条第二款的立法主旨相悖，即姚某昕请求否认亲子关系之权利于法无据，其作为此类诉讼的原告主体不适格，故人民法院裁定驳回起诉。

婚姻家庭编理论知识概述

一、坚持人伦正义，促进家庭和谐

（一）增设婚姻家庭的倡导性规定

民法典婚姻家庭编第一千零四十三条规定：家庭应当树立优良家风，弘扬家庭美德，重视家庭文明建设。这体现了在婚姻家庭领域道德对法律的重要支撑作用，旨在强化社会主义核心价值观在婚姻家庭中的引领导向作用，从而推动社会风气向上向善。

（二）规定协议离婚的冷静期，提高协议离婚的门槛

近十年，我国的协议离婚率节节攀升。冲动离婚、“技术性”离婚等现象层出不穷，在保障当事人离婚自由的同时，尽可能还原当事人是否离婚之真意，有助于维护家庭稳定、增强社会成员对婚姻家庭的责任心，使社会形成良好的婚姻家庭观。基于上述之立法目的，民法典第一千零七十七条规定，协议离婚须经历一个月的离婚冷静期，通过公权力的介入，适度地限制离婚自由，以期侧重保护身份关系和特定财产关系的稳定和有序。

（三）明确婚内析产的法定情形

我国夫妻财产制度通常采用共同财产制，婚姻关系存续期间一般不得分割夫妻共同财产。但绝对不分割，在一些特殊场合亦会损害配偶一方的合法利益，故民法典第一千零六十六条规定：在以下情形下，夫妻一方可以向人民法院请求分割共同财产：（一）一方有隐藏、转移、变卖、毁损、挥霍夫妻共同财产或者伪造夫妻共同债务等严重损害夫妻共同财产利益的行为；（二）一方负有法定扶养义务的人患重大疾病需要医治，另一方不同意支付相关医疗费用。这一规则既保护了夫妻一方之财产利益，又维护了家庭关系、人伦道德之诉求。

（四）提高亲子关系诉讼的门槛

鉴于亲子关系诉讼结果之特殊性，若当事人均可任意提起此类诉讼，会使现代社会的家庭结构变得更为脆弱，不仅伤害夫妻感情、父母子女之间的情感，给家庭关系带来难以弥合的损害，而且违背社会成员达成的人伦共识。为谨慎维护家庭关系，民法典第一千零七十三条修改了草案的有关规定，提高了亲子关系诉讼的门槛，对家庭成员提起亲子关系诉讼予以

限制，要求当事人需有“正当理由”才能提起亲子关系之诉。

二、充分保障社会成员的结婚自由，减少禁止结婚的情形

基于尊重社会成员婚姻自主权的考虑，避免法律、行政法规过多干预婚姻自由，民法典第一千零四十八条和第一千零五十三条删除了患有医学上认为不应当结婚的疾病不得结婚的规定，而是改为有重大疾病的一方婚前有告知义务，否则对方享有撤销婚姻的权利。此规定既尊重了有疾病的一方当事人的婚姻自主权，也平衡保护了对方当事人的知情权、选择权，从而最大限度地维护了当事人的婚姻自由和意思自治。

三、促进男女人格平等

为使夫妻关系和谐、稳定，维护男女人格平等，我国民法典明确规定：夫妻独立享有姓名权（第一千零五十六条）；独立享有参加生产、工作、学习和社会活动的自由（第一千零五十七条）；平等享有、共同承担对未成年子女抚养、教育和保护的权利和义务（第一千零五十八条）；有相互扶养的义务（第一千零五十九条）。而且民法典首次在立法上规定了家事代理制度，夫妻相互享有日常家事代理权，即夫妻一方因家庭日常生活需要而实施的民事法律行为，对夫妻双方均发生法律效力（第一千零六十条）。这项制度有利于提升社会大众日常生活的便利程度，并为离婚时区分个人债务和共同债务奠定理论基础。

四、保护弱者权益

（一）扩大特殊保护群体范围

根据《中华人民共和国未成年人保护法》以及联合国《儿童权利公约》的规定，我国民法典将“儿童”更改为“未成年人”，使儿童的概念界定更为清晰。民法典第一千零四十一条规定：保护妇女、未成年人、老年人、残疾人的合法权益。这一规定还将残疾人纳入特殊保护群体，扩大了婚姻家庭法领域特殊群体的保护范围。

（二）确保家务补偿请求权的实现

民法典第一千零八十八条规定：夫妻一方因抚育子女、照料老年人、协助另一方工作等负担较多义务的，离婚时有权向另一方请求补偿，另一

方应当给予补偿。具体办法由双方协议；协议不成的，由人民法院判决。

上述立法主要基于以下因素的考量：

（1）家务劳动对家庭有经济价值，承担主要家务劳动的一方对家庭财富积累的贡献与另一方是平等的。

（2）其因抚养子女、照料老人、协助另一方工作等付出更多精力，并因此牺牲了自己的发展机会，导致其在婚姻关系存续期间无经济收入或收入远低于另一方。

（3）当婚姻关系终结时，不论是夫妻共同财产制抑或分别财产制，都应对承担主要家务劳动的一方进行特殊保护，以实质保障妇女、老人和未成年人的合法权益得以实现。

（三）保护被收养人利益

1. 扩大被收养人范围

民法典第一千零九十三条不再把被收养的对象局限为不满十四周岁的未成年人，也不再把被收养的对象局限于“弃婴和儿童”，而是统称为未成年人。此规定有利于减少非法送养，也有助于十四至十八周岁的未成年人获得良好的成长环境，降低青少年犯罪率。

2. 删除收养人须无子女的规定，并要求收养人无犯罪记录

考虑到我国计划生育的政策已发生重大调整，同时，为保护未成年人健康成长，民法典第一千零九十八条对相关的规定作出修改，即无子女或者只有一名子女的收养人可以收养未成年人，并且提高了合格收养人的实质要件，即具有不利于被收养人健康成长的违法犯罪记录的申请人，一律被排除。

3. 无配偶者收养异性子女不再局限于“男士”

基于男女平等原则，有权收养异性子女的单身人士不应限于男士。民法典第一千一百零二条规定：无配偶者收养异性子女的，收养人与被收养人的年龄应当相差四十周岁以上。这说明单身女士也能收养与其年龄相差四十周岁以上的异性子女。

视频资源 5

继　承　编

继承编典型案例

案例九十一：继承权平等案

1990年张某三与李某丽登记结婚。婚后第二年，李某丽生下双胞胎——儿子张某刚和女儿张某芳。2015年，张某芳与王某荣结婚时，张某三给女儿8万元人民币让其置办结婚用品。出嫁后，张某芳经常回家探望父母，帮父母做家务，并每个月给父母1000元作为赡养费。儿子张某刚自参加工作后不久就在外地结婚，很少回家看望父母，并且也不给父母赡养费。2021年3月，张某三在一起交通事故中故去，李某丽因受打击而住进了医院。李某丽住院期间，儿子张某刚一次也没有前去探望，全靠女儿张某芳和其丈夫照顾。同年10月，李某丽去世。

张某刚从外地返回，与张某芳共同料理完母亲的丧事，然后，张某刚就独自将张某三夫妇在婚姻期间共同建造的六间房屋过户登记到自己名下，并将李某丽在银行的8万元存款全部取出据为己有。张某芳要求继承父母的遗产，却被张某刚拒绝。其理由是：张某芳是出嫁之女，并且在她结婚时父母已经给了她8万元，其无权再继承父母的遗产。

问题：出嫁的女儿张某芳有无继承权？

分析：张某芳有继承权，而且应该多分遗产。

民法典第一千一百二十六条规定，继承权男女平等。

第一千一百二十七条第一款规定，遗产按照下列顺序继承：

（一）第一顺序：配偶、子女、父母；

（二）第二顺序：兄弟姐妹、祖父母、外祖父母。

本案中，张某刚和张某芳作为被继承人的子女，同为第一顺序法定继承人，享有同等的继承权。该权利除因法定事由的出现可以被依法剥夺外，其他任何人无权以任何理由加以剥夺，即已婚女儿的继承权同样受到法律的保护。同时，从本案的实际情况来看，张某芳对父母尽到了更多的赡养义务，故对父母的遗产可以多分。

张某芳在结婚时父母给予的 8 万元，属于父母生前的赠与行为，与遗产继承无关。张某刚认为张某芳在结婚时已经得到了父母资助的 8 万元，因此没有继承父母遗产的权利，这一理由没有法律依据。

案例九十二：同一事件中相互有继承关系的数人死亡之遗产继承案

2022 年 3 月，某航空空难事件中，殷某及妻子佟某、儿子殷某林、儿媳钱某清、孙子殷某磊均不幸死亡。殷某与妻子佟某共有遗产 200 万元人民币。在处理遗产时，不能确定上述五人的死亡先后时间。现获知殷某林有一个姐姐殷某莲，钱某清还有一个弟弟钱某强。

问题：遗产 200 万元应该如何分配?

分析：殷某莲分得遗产 150 万元，钱某强分得遗产 50 万元。

民法典第一千一百二十一条规定，继承从被继承人死亡时开始。

相互有继承关系的数人在同一事件中死亡，难以确定死亡时间的，推定没有其他继承人的人先死亡。都有其他继承人，辈份不同的，推定长辈先死亡；辈份相同的，推定同时死亡，相互不发生继承。

首先，本案中，殷某、佟某、殷某林都有继承人且继承人具有同一性，即殷某莲；钱某清也有继承人钱某强。只有殷某磊没有活着的其他继承人，因为殷某莲是其姑姑，钱某强是其舅舅，都不在殷某磊的法定继承人范围内，故推定殷某磊最先死亡。其次，推定殷某和佟某一起死亡，因为两人是夫妻，且是儿子殷某林和儿媳钱某清的长辈。最后，推定夫妻殷某林和钱某清同时死亡。

夫妻殷某和佟某的 200 万元遗产，在没有合法遗嘱的前提下，由儿子殷某林、女儿殷某莲共同继承，两人各分得 100 万元；殷某林分得的 100 万元属于其与妻子钱某清的夫妻共同财产，殷某林和钱某清各分得 50 万元；殷某林的50万元由第二顺位继承人姐姐殷某莲继承，钱某清的50万元由第二顺位继承人弟弟钱某强继承。故殷某莲分得遗产150万元，钱某强分得遗产50万元。

案例九十三：侄甥代位继承、继承人以外的对被继承人扶养较多的人适当分得遗产案

夫妻苏某（男）与唐某（女）育有一女苏某冰、一儿苏某泉。这双儿女相继长大，并成家立业。苏某冰结婚五年未有所出，遂与丈夫骆某尉商量，决定收养一女，后取名骆某雪。苏某泉与妻子徐某鄢决定丁克，故一直没有养育小孩的打算。

2011年底至2016年初，苏某、唐某、徐某鄢、苏某冰相继去世，对苏某泉的打击极大，其身体每况愈下。苏某泉遂决定投奔老友李某田，后苏某泉和李某田共同出资购买一套房产，该房产登记在苏某泉和李某田的儿子李某禾名下。而且，苏某泉还将自己的一块海鸥牌手表和一支英雄牌钢笔交由李某田保管。

2020年起，苏某泉的身体进一步恶化，李某田将其送去医院治疗。在苏某泉住院的两年时间里，李某田全程悉心照顾直至2022年夏天苏某泉去世，后李某田又全权操办了苏某泉的丧葬事宜。

苏某泉生前未立遗嘱，也未订立遗赠扶养协议。在苏某泉的葬礼结束后，骆某雪起诉至人民法院，请求依法继承苏某泉的房产份额、海鸥牌手表和英雄牌钢笔。

问题：苏某泉的遗产应如何分配？

分析：骆某雪和李某田可以分得苏某泉的遗产，且李某田可多分遗产份额。

民法典第一千一百二十七条规定，遗产按照下列顺序继承：

（一）第一顺序：配偶、子女、父母；

（二）第二顺序：兄弟姐妹、祖父母、外祖父母。

继承开始后，由第一顺序继承人继承，第二顺序继承人不继承；没有第一顺序继承人继承的，由第二顺序继承人继承。

本编所称子女，包括婚生子女、非婚生子女、养子女和有扶养关系的继子女。

本编所称父母，包括生父母、养父母和有扶养关系的继父母。

本编所称兄弟姐妹，包括同父母的兄弟姐妹、同父异母或者同母异父的兄弟姐妹、养兄弟姐妹、有扶养关系的继兄弟姐妹。

第一千一百二十八条规定，被继承人的子女先于被继承人死亡的，由被继承人的子女的直系晚辈血亲代位继承。

被继承人的兄弟姐妹先于被继承人死亡的，由被继承人的兄弟姐妹的子女代位继承。

代位继承人一般只能继承被代位继承人有权继承的遗产份额。

第一千一百三十一条规定，对继承人以外的依靠被继承人扶养的人，或者继承人以外的对被继承人扶养较多的人，可以分给适当的遗产。

上述法条说明，民法典新设立了侄甥代位继承制度，即被继承人没有第一顺序继承人，而第二顺序继承人先于被继承人死亡但有子女的，由其子女代位继承。侄甥代位继承制度符合我国民间传统，有利于保障财产在血缘家族内部的流转，减少遗产无人继承的状况，同时促进亲属关系的发展，引导人们重视亲情，从而减少家族矛盾、促进社会和谐。

本案中，苏某泉生前未立遗嘱，也未立遗赠扶养协议，故苏某泉的遗产应由其继承人按照法定继承办理。骆某雪是苏某泉姐姐苏某冰的养女，在苏某冰先于苏某泉死亡，且苏某泉无第一顺序继承人又无人受遗赠的情况下，骆某雪有权作为苏某泉的第二顺序法定继承人继承苏某泉的遗产。该案情节符合侄甥代位继承制度的构成要件。

李某田与苏某泉长期共同居住。苏某泉生病，住院期间的事宜由李某田负责处理，费用由李某田代为支付。苏某泉的丧葬事宜也由李某田操办，相较于骆某雪，李某田对苏某泉尽到了更多的扶养义务，故李某田作为继承人以外对被继承人扶养较多的人，可以分得适当遗产且份额可多于骆某雪。该案情节符合遗产酌定分配的构成要件，即对继承人以外的对被继承人扶养较多的人适当分给遗产，既体现了权利义务相一致原则，又弘扬了积极妥善赡养老人的传统美德，充分体现了社会主义核心价值观的要求。

苏某泉的海鸥牌手表和英雄牌钢笔一直由李某田保管，房产又登记在李某田的儿子李某禾和苏某泉之共同名下。鉴于有利于生产生活、便于执行的原则，人民法院判决手表、钢笔和房产归李某田所有，但李某田应向骆某雪给付补偿款60万元人民币。

案例九十四：受遗赠人放弃遗产案

秦某川死后留有商品房一套和存款20万元人民币。秦某川的老伴先于其死亡；秦某川生前立有遗嘱，将其房屋留给儿子秦某扬，存款赠与儿媳的哥哥刘某申。秦某扬、刘某申被告知三个月后参与秦某川的遗产分割，但直到遗产分割时，两人均未表示是否接受遗产。

问题： 秦某扬和刘某申都能取得遗产吗？

分析： 秦某扬能继承该套商品房；刘某申不能取得该笔20万元的遗赠。

民法典第一千一百二十四条规定，继承开始后，继承人放弃继承的，应当在遗产处理前，以书面形式作出放弃继承的表示；没有表示的，视为接受继承。

受遗赠人应当在知道受遗赠后六十日内，作出接受或者放弃受遗赠的表示；到期没有表示的，视为放弃受遗赠。

本案中，当继承开始后，秦某扬作为遗嘱继承人，没有以书面形式明确表示放弃，意味着其接受继承，取得该套商品房的所有权；刘某申作为受遗赠人，在知道受遗赠后六十日内未明确表示接受20万元的遗产，则意味着其放弃该遗赠，故其不能取得该笔20万元的遗赠。该笔20万元再次成为秦某川的遗产，由其法定继承人秦某扬依法继承。

案例九十五：瑕疵遗嘱案

王某默有王某艺、王某冰、王某婷三个女儿。王某默于2020年1月1日亲笔书写一份遗嘱，写明其全部遗产由王某艺继承，并签名和注明了年、月、日。同年4月1日，王某默又请老友徐某晨代书一份遗嘱，写明其全部遗产由王某冰继承。同年7月1日，王某默因病被王某婷送至医院急救，王某默又立口头遗嘱一份，内容是其全部遗产由王某婷继承，在场的刘医生和蔡护士为见证人。2020 年 8 月，王某默病好后出院回家休养，未立新遗嘱。2021 年 11 月 1 日王某默自然死亡。

问题：应按照哪一份遗嘱执行王某默的遗产？

分析：按照 2020 年 1 月 1 日王某默亲笔书写的遗嘱执行遗产。

民法典第一千一百三十四条规定，自书遗嘱由遗嘱人亲笔书写，签名，注明年、月、日。

第一千一百三十五条规定，代书遗嘱应当有两个以上见证人在场见证，由其中一人代书，并由遗嘱人、代书人和其他见证人签名，注明年、月、日。

第一千一百三十八条规定，遗嘱人在危急情况下，可以立口头遗嘱。口头遗嘱应当有两个以上见证人在场见证。危急情况消除后，遗嘱人能够以书面或者录音录像形式立遗嘱的，所立的口头遗嘱无效。

本案中，2020 年 4 月 1 日的遗嘱由徐某晨代书，但缺少见证人、签名，也没有注明年、月、日，故此代书遗嘱无效。2020 年 8 月，王某默病好后出院回家休养，危机情况已消除，其有能力采取其他形式订立遗嘱，故 2020 年 7 月 1 日的口头遗嘱归于无效。

本案中，王某默于 2020 年 1 月 1 日亲笔书写的遗嘱，有签名且注明年、月、日，符合有效遗嘱的构成要件。故王某默自然死亡时，该份遗嘱发生法律效力，即由王某艺继承全部遗产。

案例九十六：打印遗嘱效力确认案

韩某年老生病时，一直由小儿子韩某盛在病榻前陪伴、照顾。韩某生前立下遗嘱，指定其名下的房产由韩某盛一人继承。但由于这份遗嘱为电脑打印，其他子女认为这不是父亲手写的遗嘱，怀疑此份遗嘱的真实性。韩某盛认为父亲生前手指僵化，已不能亲自书写遗嘱，打印遗嘱是根据父亲的真实意愿，由打印店的工作人员打字输入，且由打印店的另两名工作人员当场见证，并与父亲韩某共同在该页遗嘱上签名并注明年、月、日。韩某盛认为该份打印遗嘱之内容真实有效。

因韩某的子女对此发生争议，韩某盛遂向人民法院提起诉讼，请求确认该份打印遗嘱的效力。

问题：韩某名下的房产由韩某盛一人继承还是韩某的子女共同继承?

分析：韩某盛一人继承该房产。

民法典第一千一百三十六条规定，打印遗嘱应当有两个以上见证人在场见证。遗嘱人和见证人应当在遗嘱每一页签名，注明年、月、日。

第一千一百四十条规定，下列人员不能作为遗嘱见证人：

（一）无民事行为能力人、限制民事行为能力人以及其他不具有见证能力的人；

（二）继承人、受遗赠人；

（三）与继承人、受遗赠人有利害关系的人。

现代人习惯用电脑输入取代纸质书写。依据上述法条，打印遗嘱不要求电脑输入和打印行为必须由遗嘱人本人完成，但需要两名以上适格的见证人证明打印遗嘱的真实性。

打印遗嘱无法体现书写笔迹的一致性，容易被删除、篡改，因此立法要求打印遗嘱应保证遗嘱人与见证人在遗嘱每一页签名并注明年、月、日，若仅在落款处签字、标明日期，则该份遗嘱不完整。在没有其他证据补强时，法律不宜认为该遗嘱符合法定的形式要件。

本案中，该份遗嘱根据遗嘱人韩某的要求打印而成，在韩某拟定遗嘱时有两名无利害关系的见证人在场见证。遗嘱全文仅有一页，遗嘱人及两名见证人均签字捺印，落款处注明日期。该份遗嘱符合民法典关于打印遗嘱的规定，应为合法有效。故人民法院判决按照打印遗嘱的内容对遗产进行处理，即判决诉争房产由韩某盛一人继承。

案例九十七：遗赠扶养协议案

戴某娇 2013 年因自建房拆除获得一套 150 平方米的安置房作为补偿。因看病急需用钱，戴某娇与征地办协商，将原分配的安置房换成 90 平方米，另加补偿款 20 万元人民币。2021 年 3 月，戴某娇因病离世。

戴某娇生前曾有过两段婚姻。第一段婚姻，1986 年戴某娇与庞某年结婚，并生育一子庞某登。1992 年庞某年因病离世。第二段婚姻，2012 年戴某娇与蔡某磊登记结婚，婚后未生育和收养子女，2017 年二人因感情不和协议离婚。

戴某娇于2019年开始病情逐渐恶化。由于长期卧床，需要人陪护照顾，而早年拆迁获得的20万补偿款也所剩无几。于是戴某娇求助儿子庞某登，但庞某登不但不顾不理，还表示不愿意负担母亲日后的治疗费用。伤心无奈之下，戴某娇找到前夫蔡某磊，二人就扶养及戴某娇过世后的殡葬事宜协商一致，并在律师邹某琴的见证下签订协议书，详细约定医疗、饮食起居等生活安排及扶养遗赠等事项。协议中明确约定，若蔡某磊能按照该协议的约定，尽职尽责履行义务，待戴某娇过世后，其名下90平方米的安置房归蔡某磊所有。

蔡某磊依约履行义务直至戴某娇离世。但当蔡某磊处理完戴某娇的后事，拿出协议书主张变更房屋所有权时，却遭到庞某登的强烈抵触。因庞某登拒绝配合蔡某磊完成戴某娇名下房屋的过户手续，且多次协商无果，2021年12月蔡某磊将庞某登诉至人民法院，请求判令其取得戴某娇名下的房产。

问题：该房产归庞某登还是蔡某磊所有？

分析：该房产归蔡某磊所有。

民法典第一千一百二十三条规定，继承开始后，按照法定继承办理；有遗嘱的，按照遗嘱继承或者遗赠办理；有遗赠扶养协议的，按照协议办理。

第一千一百五十八条规定，自然人可以与继承人以外的组织或者个人签订遗赠扶养协议。按照协议，该组织或者个人承担该自然人生养死葬的义务，享有受遗赠的权利。

本案中，戴某娇与蔡某磊签订的协议书，性质上属于遗赠扶养协议。该协议是在见证人邹某琴律师的见证下签订完成的，是双方真实意思的表示，且不违反法律、行政法规的强制性规定，不违背公序良俗，双方均具有相应的民事行为能力，故该协议合法有效。

戴某娇将房产赠与蔡某磊，是戴某娇对自身权益的处分，属于有权处分，不违法不背俗。经查明，在戴某娇生前蔡某磊尽到了照顾义务，在戴某娇死后也为其处理了殡葬事宜，蔡某磊有权依据协议约定取得戴某娇名下的房产。故人民法院应支持蔡某磊的诉讼请求。

遗赠扶养协议在我国的社会生活中已发展得相当成熟。老年人在其自主自愿的情况下，以遗赠人的身份，围绕其生养死葬及财产的遗赠事宜与扶养人订立协议，从而更好地满足老年人晚年所需的物质供养、精神支持和陪伴。

本案中的庞某登作为成年子女，未对母亲戴某娇赡养尽孝。继承开始后，因自己无法继承房产而产生强烈的抵触情绪，说明庞某登不知法不崇德。全社会应大力加强法治宣传教育，树立法律权威，通过法治手段对失德行为予以必要整治；通过公正司法激励全社会崇德向善。既要社会成员明确知晓赡养老人是每个成年子女应尽的法定义务，又要将尊老敬老爱老的传统美德内化于心、外化于行。

案例九十八：宅基地继承案

赵某（男）与钱某（女）为夫妻关系，两人是村民户口，其宅基地位于湖北省某天市某河村。2013 年，二人立下遗嘱，遗嘱中写明其宅基地及地上附属房屋归小女儿赵某珊所有。二老在世时，赵某珊承担了主要的赡养义务，并参与出资建造了该房屋。

2021 年至 2022 年，赵某、钱某相继去世。就房屋继承问题，赵某珊的哥哥和姐姐诉至人民法院，他们认为赵某珊是非农户籍，不能继承农村宅基地，故父母生前所立遗嘱无效。

问题：赵某珊能否基于遗嘱继承此宅基地及其地上的附属房屋？

分析：此份遗嘱有效，赵某珊能够继承此宅基地及其地上的附属房屋。

《中华人民共和国土地管理法》第六十二条规定，农村村民一户只能拥有一处宅基地，其宅基地的面积不得超过省、自治区、直辖市规定的标准。……农村村民出卖、出租、赠与住宅后，再申请宅基地的，不予批准。

民法典第一千一百二十二条规定，遗产是自然人死亡时遗留的个人合法财产。依照法律规定或者根据其性质不得继承的遗产，不得继承。

2020 年，自然资源部等多部门联合对“十三届全国人大三次会议第 3226 号建议”作出明确答复：**农民的宅基地使用权可以依法由城镇户籍的子女继承并办理不动产登记。**

《不动产登记操作规范（试行）》明确规定，非本农村集体经济组织成员（含城镇居民），因继承房屋占用宅基地的，可按相关规定办理确权登记，在不动产登记簿及证书附记栏注记“该权利人为本农民集体原成员住宅的合法继承人”。

分析上述法条能得出以下结论：第一，宅基地使用权与特定社会身份相联系，具有专属性，只能由本村村民享有。第二，宅基地上须区分两种情况，如果宅基地上尚未建有房屋，宅基地使用权不能被单独继承；如果宅基地上已经建有房屋，基于“地随房走”“房地一体”的原则，宅基地使用权也随之发生继承。

本案中，赵某与钱某是湖北省某天市某河村的村民，他们以户为单位能够申请获得一块宅基地，在宅基地之上建造的房屋属于夫妻两人的合法财产。法律并未限制地上房屋的继承，则赵某与钱某有权以遗嘱的形式处分该房屋的所有权归属问题。按照房地一体原则，该房屋之下的宅基地使用权一并由继承人继承取得。

赵某珊虽不再是某河村的村民，而是非农户籍，但其继承权利并不受户籍限制。故人民法院应认定此份遗嘱有效，由赵某珊继承此宅基地及其地上的附属房屋。

案例九十九：拆迁补偿款继承案

樊某元（男）与李某柳（女）是夫妻关系，二人一共生育四女，分别为长女樊某甲、次女樊某乙、三女樊某丙、四女樊某丁。后四个女儿相继出嫁，二老独自在老家生活。

1999 年，樊某丁与丈夫离婚，带着年幼的儿子小韩回到娘家与父母共同生活，三个姐姐偶尔来探望父母。

2010 年，李某柳去世。2016 年，樊某丁、小韩和樊某元共同居住的房屋被征收，三人分别与拆迁公司签订了征地房屋拆迁货币补偿安置协议书。其中，樊某元名下被拆除的房屋是樊某丁出资建造的二层楼房，其拆迁补偿安置协议书由樊某丁代签，共计拆迁补偿款 90 万元人民币，该款由樊某丁领取并保管。

2021 年，樊某元因病去世，未留下遗嘱，樊某元的父母均先于其去世。樊某元夫妇丧事的相关事宜及费用均由樊某丁一人承担。

后樊某甲、樊某乙认为樊某元名下的拆迁补偿款项属于樊某元的遗产，遂诉至人民法院要求继承分割90万元。

问题：樊某元名下的拆迁补偿款属于樊某元的遗产吗？如果属于遗产，由樊某甲、樊某乙、樊某丙、樊某丁均分吗？

分析：（1）该拆迁补偿款属于樊某元的遗产。

（2）樊某丁应多分，樊某甲、樊某乙、樊某丙应少分或不分该笔拆迁补偿款。

根据民法典第一千一百三十条的规定，同一顺序继承人继承遗产的份额，一般应当均等。

对生活有特殊困难又缺乏劳动能力的继承人，分配遗产时，应当予以照顾。

对被继承人尽了主要扶养义务或者与被继承人共同生活的继承人，分配遗产时，可以多分。

有扶养能力和有扶养条件的继承人，不尽扶养义务的，分配遗产时，应当不分或者少分。

继承人协商同意的，也可以不均等。

本案中，樊某元名下被征收拆迁的房屋是樊某丁建造，但补偿协议书是樊某丁代樊某元签订，表明樊某丁对该协议书的内容知情。事后，樊某丁与樊某元对该份协议书载明的拆迁利益由谁享有未作出明确约定。根据合同的相对性原则，樊某元作为补偿协议书的一方当事人，享有拆迁补偿款90万元的所有权。

樊某元去世后，该笔补偿款应作为遗产依法予以继承，若樊某元生前立有遗嘱，则按其遗嘱办理；若没有遗嘱，则由其法定继承人予以继承。

樊某元的四个女儿均是其继承人，樊某甲、樊某乙、樊某丙只是偶尔回家探望老夫妻，只有樊某丁在樊某元在世时与其共同生活，对其父尽心照料，可以认定樊某丁对樊某元尽到了主要赡养义务。故樊某丁应多分，樊某甲、樊某乙、樊某丙应少分或不分该笔拆迁补偿款。

案例一百：被继承人债务清偿案

徐某凡死后留有价值100万元人民币的遗产。其生前立有遗嘱，将价值50万元的房产留给女儿徐某萌，将价值10万元的汽车留给侄子徐某华。遗嘱中未处分的40万元存款由妻子刘某颖与女儿徐某萌按照法定继承各分得一半。遗产分割完毕后，张某聪找到刘某颖等人，声称徐某凡去世前的一年内曾向其借款，本息累计人民币70万元，至今未还。经查，张某聪所言属实，此借款是徐某凡的个人债务。

问题： 徐某凡的70万元债务由谁清偿?

分析： 该笔债务由刘某颖清偿20万元，徐某萌清偿45万元，徐某华清偿5万元。

民法典第一千一百六十一条规定，继承人以所得遗产实际价值为限清偿被继承人依法应当缴纳的税款和债务。超过遗产实际价值部分，继承人自愿偿还的不在此限。继承人放弃继承的，对被继承人依法应当缴纳的税款和债务可以不负清偿责任。

第一千一百六十三条规定，既有法定继承又有遗嘱继承、遗赠的，由法定继承人清偿被继承人依法应当缴纳的税款和债务；超过法定继承遗产实际价值部分，由遗嘱继承人和受遗赠人按比例以所得遗产清偿。

本案中，徐某凡的法定继承人是妻子刘某颖与女儿徐某萌。先由刘某颖和徐某萌以其继承的实际存款40万元为限，清偿徐某凡的债务。剩下的30万元债务由遗嘱继承人徐某萌和受遗赠人徐某华按所得遗产比例清偿，则徐某萌承担25万元，徐某华承担5万元。故徐某凡的70万元债务由刘某颖清偿20万元，徐某萌清偿45万元，徐某华清偿5万元。

继承编理论知识概述

一、尊重被继承人的意愿

（一）规定宽宥制度

民法典继承编第一千一百二十五条第二款规定，对于相对丧失继承权的行为（遗弃被继承人或者虐待被继承人情节严重；伪造、篡改、隐匿或者销毁遗嘱，情节严重；以欺诈、胁迫手段迫使或者妨害被继承人设立、变更或者撤回遗嘱，情节严重），继承人确有悔改表现，且被继承人表示宽恕或者事后在遗嘱中将其列为继承人的，该继承人不丧失继承权。这一规定是意思自治之体现，充分尊重被继承人处分遗产之自主意愿，从而有利于家庭关系之修复和稳定。

（二）删除公证遗嘱效力优先规则

民法典第一千一百四十二条第三款规定，立有数份遗嘱，内容相抵触的，以最后的遗嘱为准。上述规定之立法理由在于：首先，法律应充分尊重遗嘱人的真实意思表示，不能因为公证遗嘱经历了特别繁复、正式的程序而否认遗嘱人后续基于内心真意作出的新遗嘱之效力。其次，公证遗嘱之严谨程序导致其天然具有非及时性的缺陷。如果遗嘱人已订立了一份公证遗嘱，在其死亡前想修改遗嘱内容，则必须再订立一份新的公证遗嘱。但实践中，病情危重或突发疾病的遗嘱人来不及完成新公证遗嘱的所有程序。这就导致为遗嘱服务之程序价值优先于遗嘱人的真实意愿，实乃违背了民法追求意志自由之宗旨。故民法典删除了公证遗嘱效力优先的规则，以遗嘱人最后作出的有效遗嘱为准。

（三）新增自然人可以依法设立遗嘱信托

过去的《中华人民共和国继承法》未规定遗嘱信托，但近十几年的司法实务已有人民法院之判决肯定遗嘱信托的效力。

遗嘱信托可以解决很多现实难题，实现财产的多样化承继。例如残障子女、未成年子女，或者禁治产子女，由于没有管理财产的能力，其所继承的财产很可能在短时间内被耗尽或遭到侵占。针对此类无民事行为能力或限制民事行为能力的子女，父母可事先通过遗嘱信托的方式，指定其信任的人或机构担任受托人。随着子女成年、思想成熟或能力提升，逐步把财产过渡给能力相当的子女管理。因此，民法典继承编第一千一百三十三条第四款规定自然人可以依法设立遗嘱信托。

二、尊重私人财产所有权和继承权

（一）以概括方式界定遗产的范围

为适应财产类型不断扩展的形势，民法典第一千一百二十二条规定，遗产是自然人死亡时遗留的个人合法财产。这一规定将遗产范围的界定方式由“列举＋概括式”变为“概括式”，使支付宝、微信红包、游戏账号、游戏装备、社交账号、自媒体账户等虚拟财产被纳入遗产范围，确保立法的开放性和“类案同判”的法律效果。

（二）扩大代位继承人的范围

民法典第一千一百二十八条第二款规定，被继承人的兄弟姐妹先于被继承人死亡的，由被继承人的兄弟姐妹的子女代位继承。此项规定有利于减少无人继承的遗产收归国家或集体的情形，促进社会财富在家庭范围内承继和流转，进而保护私有财产权和遗产继承权。

（三）贯彻男女平等的原则

民法典第一千一百二十六条规定，继承权男女平等。具体表现为继承人之范围和顺序不分男女，代位继承人和转继承人也不分男女。

（四）体现养老育幼、保护弱者合法权益的原则

民法典通过继承权的丧失（第一千一百二十五条）、丧偶儿媳和丧偶女婿的继承权（第一千一百二十九条）、不均等分配遗产（第一千一百三十条）、酌情分得遗产权（第一千一百四十三条）、必留份（第一千一百四十一条）、胎儿预留份（第一千一百五十五条）等制度，体现养老育幼、保护弱者合法权益的原则。同时，扩展了遗赠扶养协议的扶养人范围，规定自然人可以与继承人以外的组织或者个人签订遗赠扶养协议（第一千一百五十八条），以满足养老形式之多样化需求，促进老龄产业的发展，以多方渠道共同助力解决老年人扶养的社会问题。

视频资源 6

侵权责任编

侵权责任编典型案例

案例一百零一：限制民事行为能力人在校侵权案

千赐街小学四年级学生小天和小明上体育课时打架，在场的体育老师汪某旭未予制止。小天踢中小明腹部致其脾脏破裂。事后小明被送往医院，共花去医疗费5万元人民币。

问题：该笔医疗费由谁承担？

分析：该笔医疗费的承担有两种情形。第一，由小天的父母承担大部分的赔偿责任，学校承担与其过错相应的赔偿责任。第二，如果小天有自己的财产，该笔医疗费首先从小天的财产中扣除。如果小天的财产不足以支付医疗费，不足部分由小天的父母承担；而且学校还应当承担与其过错相应的赔偿责任。

民法典第一千一百八十八条规定，无民事行为能力人、限制民事行为能力人造成他人损害的，由监护人承担侵权责任。监护人尽到监护职责的，可以减轻其侵权责任。

有财产的无民事行为能力人、限制民事行为能力人造成他人损害的，从本人财产中支付赔偿费用；不足部分，由监护人赔偿。

该条款说明未成年子女的侵权行为造成他人合法权益损害的，其监护人无论有过错与否，都要承担赔偿责任。

本案中，四年级学生小天和小明的年龄应该在十一岁左右，属于年满八周岁、未满十八周岁的限制民事行为能力人。小天踢中小明腹部致其脾脏破裂，损害了小天的身体权和健康权。因此，小天的监护人应该承担小明的医疗费。如果小天有自己的财产，首先从其财产中支付医疗费；不足部分由小天的父母承担赔偿责任。

民法典第一千二百条规定，限制民事行为能力人在学校或者其他教育机构学习、生活期间受到人身损害，学校或者其他教育机构未尽到教育、管理职责的，应当承担侵权责任。

第一千一百九十一条规定，用人单位的工作人员因执行工作任务造成他人损害的，由用人单位承担侵权责任。用人单位承担侵权责任后，可以向有故意或者重大过失的工作人员追偿。

本案中，小天和小明打架时，在场的体育老师汪某旭未予制止，这说明汪某旭未尽到教育和管理的职责而存在过错。汪某旭是该学校的老师，其失职行为造成的损害结果由学校承担相应的赔偿责任。

案例一百零二：无民事行为能力人在校侵权案

某州市第一附小一年级学生魏某霆在排队等待放学期间，拉扯前面同学丰某杰的书包致其摔倒。后经医院诊断，丰某杰右手骨折、脑袋磕破，须住院治疗，其伤情经司法鉴定中心评定为五级伤残。因赔偿事宜协商未果，丰某杰的家长以丰某杰的名义诉至人民法院，要求魏某霆的监护人及学校赔偿各项损失共计人民币 15 万元。

问题：魏某霆的监护人和该小校应分别承担多大的赔偿责任?

分析：魏某霆的监护人承担 80%的赔偿责任，学校承担 20%的赔偿责任。

民法典第一千一百八十八条规定，无民事行为能力人、限制民事行为能力人造成他人损害的，由监护人承担侵权责任。监护人尽到监护职责的，可以减轻其侵权责任。

有财产的无民事行为能力人、限制民事行为能力人造成他人损害的，从本人财产中支付赔偿费用；不足部分，由监护人赔偿。

第一千一百九十九条规定，无民事行为能力人在幼儿园、学校或者其他教育机构学习、生活期间受到人身损害的，幼儿园、学校或者其他教育机构应当承担侵权责任；但是，能够证明尽到教育、管理职责的，

不承担侵权责任。

本案中，小学一年级学生魏某霆在事发时是未满八周岁的无民事行为能力人，其对拉扯丰某杰书包的后果缺乏预见性，对造成丰某杰身体受损，其主观上不存在故意，但客观上造成了丰某杰身体受损的后果，故魏某霆的父母作为监护人应承担民事赔偿责任。

通过学校视频资料可知，在放学排队过程中老师未能注意到学生排队行进的状况，未能及时发现和制止学生打闹、避免事故的发生，在管理上存在疏漏，对此学校也应当承担相应的责任。故魏某霆的父母应承担 80% 的责任，赔偿丰某杰 12 万元；第一附小承担 20% 的责任，赔偿丰某杰 3 万元。

近年来，未成年人在校园内因嬉戏打闹造成人身损害的事件屡见不鲜。由于心智尚未成熟，未成年人对于何为危险行为、实施危险行为可能带来的后果缺乏认识。对此，未成年人的监护人与学校对未成年人的成长和保护共同负有相应的职责，要高度重视提高未成年人的安全意识，正确引导未成年人养成良好的行为习惯。学校应加强安全教育，积极履行保护、管理职责。

案例一百零三：校外第三人侵犯未成年人案

2021 年秋，某家庄小学组织高年级学生参观省图书馆活动，途中五年级一班班主任王某帅忙于打电话发微信，未在本班学生周围维持秩序。该班一名学生黄某诚因未吃早餐饥饿难耐，遂偷偷离队奔向华莱餐厅。黄某诚一边归队一边吃炸鸡汉堡，突然发现汉堡里有只苍蝇，即刻奔回餐厅，要求老板周某韬另做一份套餐。周某韬不乐意，认为自家卫生条件绝对达标，黄某诚在故意找碴。遂两人发生争执，在推搡中黄某诚的左胳膊骨折，后花去医疗费 3000 元人民币。

问题：学生黄某诚遭受人身损害，花去的 3000 元医疗费由谁承担？

分析：老板周某韬承担 3000 元的医疗费；如果找不到周某韬或周某韬无力承担，则由某家庄小学承担该笔医疗费。

民法典第一千二百零一条规定，无民事行为能力人或者限制民事行为能力人在幼儿园、学校或者其他教育机构学习、生活期间，受到幼儿

园、学校或者其他教育机构以外的第三人人身损害的，由第三人承担侵权责任；幼儿园、学校或者其他教育机构未尽到管理职责的，承担相应的补充责任。幼儿园、学校或者其他教育机构承担补充责任后，可以向第三人追偿。

第一千一百九十一条规定，用人单位的工作人员因执行工作任务造成他人损害的，由用人单位承担侵权责任。用人单位承担侵权责任后，可以向有故意或者重大过失的工作人员追偿。

上述法条说明，未成年人的损害若由第三人的加害行为造成，则由第三人承担侵权责任。教师未尽到安保义务存在过错即为教育机构有过错，在第三人不能赔偿的情形下，有过错的教育机构承担相应的补充赔偿责任。担责后有权向第三人追偿。

本案中，真正的侵权人是华莱老板周某韬，应由其承担人身损害赔偿责任，支付3000元的医疗费。如果找不到周某韬或周某韬无力承担该笔医疗费，则由某家庄小学承担，因为该小学的教师王某帅有过错，途中没有尽职照看学生，由此造成的损害，由某家庄小学承担赔偿责任。待找到真正侵权人周某韬或周某韬有能力赔偿时，某家庄小学可以向周某韬追偿该笔3000元的费用。

案例一百零四：未成年人及其监护人担责案

2020年9月的第一个周末，十五岁的高中生喻某安放学后拉着行李箱乘坐地铁回家。在地铁站内乘自动扶梯上行时，喻某安因双手拿手机打游戏，未拉住随身携带的行李箱，行李箱翻滚并迅速滑落到扶梯底端，砸伤刚刚踏上扶梯的年届七旬的顾老太太，导致老太太头骨开裂、寰椎骨折。因顾老太太与喻某安的监护人就赔偿事宜协商不成，2021年5月，顾老太太起诉到人民法院，请求判令喻某安及其监护人赔偿医疗费、护理费、营养费等3万余元人民币。喻某安及其监护人辩称，事发时顾老太太向右看，未注意到行李箱滑落，顾老太太自身也具有过错，应自行承担30%的责任。

问题：人民法院支持顾老太太的诉讼请求，由喻某安及其监护人赔偿全部损失3万余元，还是顾老太太自担30%的责任、喻某安及其监护人承担70%的责任？

分析：人民法院支持顾老太太的诉讼请求，由喻某安及其监护人赔偿全部损失3万余元。

民法典第一千一百六十五条第一款规定，行为人因过错侵害他人民事权益造成损害的，应当承担侵权责任。

第一千一百八十八条规定，无民事行为能力人、限制民事行为能力人造成他人损害的，由监护人承担侵权责任。监护人尽到监护职责的，可以减轻其侵权责任。

有财产的无民事行为能力人、限制民事行为能力人造成他人损害的，从本人财产中支付赔偿费用；不足部分，由监护人赔偿。

本案中，喻某安搭乘自动扶梯时低头玩手机，未妥善管理好携带的行李箱，导致行李箱滑落，砸伤顾老太太，喻某安具有过错，且其过失行为导致侵权损害结果的发生。喻某安虽为限制民事行为能力人，但其年满十五周岁并且是一名高中生，根据其智力和精神状况，对失去控制的行李箱滑落致人损害后果的发生，应当具有预见的可能。因此，顾老太太的损害后果与喻某安的过失行为之间存在因果关系。由此可见，喻某安对顾老太太构成侵权，应当承担侵权赔偿责任。

喻某安及其监护人辩称，顾老太太自身也具有过错。根据监控录像显示，顾老太太当时已踏上手扶电梯，没有时间也没有空间避让，对损害后果的发生不具有过错，不应当适用过失相抵规则。故喻某安及其监护人应赔偿顾老太太3万余元的全部损失。

本案是一起未成年人侵犯他人合法权益的案件，该案反映出部分未成年人在公共场所缺乏安全意识、规则意识。

一方面，家长作为未成年人的监护人，应当切实承担对子女的安全教育责任，在日常生活中培养其遵纪守法的行为习惯。在允许未成年人独立出行前，监护人要对未成年人进行安全出行方面的教育，引导未成年人遵守交通规则和乘梯规则，保护自身与他人的人身和财产安全。根据民法典的相关规定，当未成年人造成他人损害时，由监护人承担侵权责任；监护人尽到监护职责的，可以减轻其侵权责任。

另一方面，学校应当加强对学生的安全教育和法治教育，包括校园安全、人身安全、饮食安全、消防安全和出行交通安全等，培养未成年人的自我保护意识，使其能够提前辨别和注意可能发生的危险，避免未成年人遭受各种形式的不法侵害；同时也要引导未成年人形成公共安全意识，提前考虑自身行为可能引发的后果，避免因自己的不当行为对他人造成损害。

案例一百零五：委托监护追责案

王某洲今年七周岁，由于父母常年在非洲工作，故将其有偿委托给堂叔王某耀照顾。半年前王某洲的祖父去世，其生前订立的遗嘱发生法律效力，故王某洲从祖父那儿继承了 6 万元人民币的遗产。某周六下午，王某洲在小区玩耍时将另一小朋友熊某毅的眼睛划伤，熊某毅的父亲要求王某耀承担 10 万元人民币的赔偿责任。

问题：该 10 万元的赔偿责任由谁来承担？

分析：10 万元的赔偿责任由王某洲及其父母承担，且王某耀须承担与其过错相当的赔偿责任。

民法典第一千一百八十八条规定，无民事行为能力人、限制民事行为能力人造成他人损害的，由监护人承担侵权责任。监护人尽到监护职责的，可以减轻其侵权责任。

有财产的无民事行为能力人、限制民事行为能力人造成他人损害的，从本人财产中支付赔偿费用；不足部分，由监护人赔偿。

第一千一百八十九条规定，无民事行为能力人、限制民事行为能力人造成他人损害，监护人将监护职责委托给他人的，监护人应当承担侵权责任；受托人有过错的，承担相应的责任。

上述法条说明，首先，监护人的责任是无过错责任；监护人尽到责任、没有过错，至少也要承担部分责任。委托监护中，委托人才是真正的监护人。被监护人侵权的，仍然由监护人承担侵权责任，除非受托人有过错，则承担与其过错相当之责任。

其次，被监护人自己有财产的，应当首先用被监护人的财产来支付赔偿费用。不足部分再由监护人承担赔偿责任。

本案中，七周岁的王某洲在小区玩耍时王某耀没有陪同，王某耀作为受托人未尽到监护职责，应承担与其过错相当的赔偿责任；王某洲的父母作为监护人应承担无过错责任。因王某洲有自己的财产——继承的 6 万元，故10万元的赔偿责任由王某洲、王某耀和王某洲父母共同承担：先由王某洲赔偿6万元；再由王某耀根据其过错程度承担相适应的赔偿责任，结合案情考量，王某洲七周岁，是无民事行为能力人，王某洲的父母应十分信赖王某耀才将儿子委托其照护，且该委托系有偿，则可认定王某耀存在重大过失，应承担3万元的赔偿责任；剩余1万元的赔偿责任由王某洲的父母承担。

案例一百零六：房屋所有权人维权救济案

王某林将自己的一套房屋租给胡某远，胡某远经王某林同意后将房屋租给亲戚胡某郎居住。胡某郎是个网球爱好者，下雨天经常在客厅里练习网球，导致客厅的一面墙面斑驳脱落。

问题：王某林应该如何救济自己的权利？

分析：王某林有两种方式救济自己的权利。第一种方式：王某林可以向胡某远主张违约责任；第二种方式：王某林可以向胡某郎主张侵权责任。

民法典第七百一十六条第一款规定，承租人经出租人同意，可以将租赁物转租给第三人。承租人转租的，承租人与出租人之间的租赁合同继续有效；第三人造成租赁物损失的，承租人应当赔偿损失。

第一千一百六十五条第一款规定，行为人因过错侵害他人民事权益，造成损害的，应当承担侵权责任。

本案中，首先，王某林和胡某远是房屋租赁合同的当事人，租赁物房屋的墙面发生毁损，出租人王某林有权向承租人胡某远主张违约损害赔偿责任。

其次，王某林是房屋的所有权人，次承租人胡某郎毁损墙面，损害了王某林的房屋所有权，王某林有权向胡某郎主张侵权责任。

故王某林既可以向胡某远主张违约责任，也可以向胡某郎主张侵权责任。王某林二者选其一救济自己的受损权益。

案例一百零七：小区业主好意施惠案

高某秋是某小区的一名业主，家有一名三岁的宝宝。因小区大厦内娱乐设施较少，缺乏儿童娱乐项目，故高某秋决定自掏腰包添置一套儿童滑梯，供小区儿童免费玩耍。该物业公司同意高某秋的决定，并表示会为儿童滑梯腾出地方。

不久，高某秋购买的一套儿童滑梯设施（含脚垫）到货，并放置在小区大厦一楼大厅的公共区域。滑梯安装好后，高某秋的小孩和小区其他儿童经常会去玩耍，滑梯区域的清洁管理等工作则由物业公司负责。

2021 年 5 月的某天，邵某贝下班回家，途经小区大厦一楼大厅时，踩到高某秋所购置滑梯配套的脚垫上，而脚垫下面因为有水渍变得湿滑，导致邵某贝站立不稳后仰摔倒，椎体骨折，后经司法鉴定，邵某贝构成四级伤残。

邵某贝认为，物业公司没有设置地滑的警示标志，没有清理积水导致其摔倒；高某秋购买并放置滑梯也存在过错，因此向人民法院起诉小区物业公司和高某秋，要求共同赔偿各项损失近 20 万元。

该物业公司辩称滑梯放置虽然征得其同意，但应当由高某秋设置警示牌，高某秋没有放置则存在过错；而高某秋认为，她是出于好心为了小区小朋友能够玩得开心才购买的滑梯，也不盈利，不应该由她承担赔偿责任。

问题：邵某贝的损失由谁承担?

分析：邵某贝的损失由小区物业公司及其本人承担；高某秋对邵某贝的损失不承担任何责任。

民法典第九百四十二条第一款规定，物业服务人应当按照约定和物业的使用性质，妥善维修、养护、清洁、绿化和经营管理物业服务区域内的业主共有部分，维护物业服务区域内的基本秩序，采取合理措施保护业主的人身、财产安全。

第一千一百六十五条第一款规定，行为人因过错侵害他人民事权益造成损害的，应当承担侵权责任。

本案中，高某秋购买儿童滑梯设施经过了小区物业公司同意，并在小区公共区域进行了妥善安置。因此，一经安装完毕，该设施即由物业公司承担维护和管理的职责。

首先，小区大厦大厅地面湿滑，物业公司未能有效清扫，未设置任何警示标志，该工作过失是导致本案事故发生的主要原因，依法应当由该物业公司对邵某贝的损失承担主要赔偿责任。

其次，邵某贝作为成年人，应尽量对可能存在的风险进行预判和避免，但其未能及时查明路况，确保安全通行，该疏忽亦是导致事故发生的原因之一。邵某贝自身存在一定过错，依法应适当减轻物业公司的赔偿责任。

再次，高某秋对邵某贝的损失不承担侵权责任，原因在于：①高某秋没有过错。高某秋自费购置儿童滑梯是出于改善小区人居环境、方便小区儿童游玩等善良目的，并无主观上的故意或过失。实际上，高某秋是在好意施惠，而不是实施违法行为。②高某秋的行为与邵某贝的损失没有必然的因果关系。儿童滑梯及其脚垫客观上并未增加小区住户的人身危险性，也不会必然导致事故的发生。③要求高某秋承担赔偿责任不仅于法无据，亦于理不合。与人为善、与邻为善，是我国优秀的传统道德文化之精髓，友善也是当下社会主义核心价值观的重要内容之一，高某秋自费购买游乐设施的善心、善行值得保护并予以弘扬，不应该受到司法实践的否定性评价。

故针对邵某贝的人身损害，人民法院判令由小区物业公司承担主要的赔偿责任，邵某贝本人承担次要责任。

案例一百零八：权利人私力救济案

为了吸引客流量，张某科在抖音上直播自家的纯手工小吃店实况。网友李某顺慕名而来，点餐吃完后准备离开，张某科要其支付80元，但李某顺认为自己是在帮助张某科引流、拉动人气，拒绝付款。双方僵持之下张某科选择报警，但民警迟迟未出现，张某科遂强制卸下李某顺手腕上的华为智能手环，目测价值可能在100元左右。

问题：张某科强制卸下李某顺的华为智能手环的行为违法吗？

分析：张某科强卸手环的行为不违法。

民法典第一千一百七十七条规定，合法权益受到侵害，情况紧迫且不能及时获得国家机关保护，不立即采取措施将使其合法权益受到难以弥补的损害的，受害人可以在保护自己合法权益的必要范围内采取扣留侵权人的财物等合理措施；但是，应当立即请求有关国家机关处理。

受害人采取的措施不当造成他人损害的，应当承担侵权责任。

上述法条说明，法律有限度地承认自助行为，即在情势紧迫而国家机关又不能及时予以救助时，权利人为保护自己的合法权益，对他人的财产或人身予以扣留是法律或社会共识所能容忍的强制行为。

本案中，李某顺的行为属于“吃霸王餐”，张某科如果放任其离开，将很难再找到李某顺，更谈不上要回价款。故张某科强制卸下与消费价值相当的华为智能手环合法合理，既保护了自己的合法权益又没有超过必要的限度。

案例一百零九：网络侵权追责案

柳某青和江某红是某大厂同级别的高级管理人员。在一次升迁职位的竞逐中，柳某青败北，遂对江某红心生不满，撰写了一篇影射江某红的短篇小说，发布在此行业的某微信公众号上。但凡读过该小说又认识江某红的人都明白此小说之真意。江某红发现后要求该微信公众号删除此小说，但该公众号的管理者不予理会，致使江某红遭受的非议越来越大，其承受的人身损害也在不断扩大，最终导致其精神抑郁。

问题：江某红的人身损害向谁主张？

分析：柳某青应承担人身损害赔偿责任；关于扩大的人身损害部分，由柳某青和该公众号的相关负责人承担连带责任。

民法典第一千一百九十五条规定，网络用户利用网络服务实施侵权行为的，权利人有权通知网络服务提供者采取删除、屏蔽、断开链接等必要措施。通知应当包括构成侵权的初步证据及权利人的真实身份信息。

网络服务提供者接到通知后，应当及时将该通知转送相关网络用户，并根据构成侵权的初步证据和服务类型采取必要措施；未及时采取必要措施的，对损害的扩大部分与该网络用户承担连带责任。

权利人因错误通知造成网络用户或者网络服务提供者损害的，应当承担侵权责任。法律另有规定的，依照其规定。

上述法条说明，无论是网络用户，还是网络服务提供者，利用网络侵权的，都适用过错责任原则。但对网络服务提供者的过错认定有一个前置程序，这就是适用于网络服务提供者的“避风港原则”。网络服务提供者接到权利人通知后，如果没有及时采取必要措施，则对损害的扩大部分与网络用户承担连带责任。

本案中，柳某青故意写小说损害江某红的名誉，构成侵权行为自不待言。根据“避风港原则”，江某红要求该微信公众号删除小说，说明权利人江某红发出通知，但该公众号的管理者却消极不作为构成过错。该公众号不履行“取下”侵权信息的义务，对扩大的人身损害部分，其相关负责人和柳某青构成共同侵权。

因此，柳某青对江某红承担侵权责任；关于扩大的人身损害部分，由柳某青和该公众号的相关负责人承担连带责任。

案例一百一十：病患维权案

李某翔罹患心脏病，经常感觉心绞痛。一天半夜，李某翔休克昏迷，其家属立刻拨打“120”，后李某翔被救护车送往某南市人民医院。该院心血管外科主任冯医生建议即刻给患者李某翔做心脏支架手术。冯医生声称手术很成功，但术后不到两个月，李某翔再次被送往医院抢救。其家属质疑第一次手术的结果，要求医院严查抢救当晚的手术全过程。经调查发现，手术中为李某翔安装的心脏支架有缺陷，导致再次出现大面积血栓。李某翔不得不进行第二次手术。案涉之心脏支架是某南市人民医院向某泰医疗器械公司所采买。

问题：患者李某翔可以向谁主张第二次手术及后续恢复康健之费用？

分析：患者李某翔既可以向某南市人民医院，也可以向某泰医疗器械公司主张第二次手术费等后续费用。

民法典第一千二百二十三条规定，因药品、消毒产品、医疗器械的缺陷，或者输入不合格的血液造成患者损害的，患者可以向药品上市许可持有人、生产者、血液提供机构请求赔偿，也可以向医疗机构请求赔偿。患者向医疗机构请求赔偿的，医疗机构赔偿后，有权向负有责任的药品上市许可持有人、生产者、血液提供机构追偿。

上述法条说明因第三人的原因造成的医疗事故，真正的侵权人要承担侵权责任，医疗机构同样也不能免责，仍要承担损害赔偿责任。

本案中，李某翔之所以要进行第二次手术是因为第一次手术中安装的心脏支架不合格。这一有缺陷的医疗器械来自某泰医疗器械公司。侵权损害之真正因果关系存在于李某翔和某泰医疗器械公司之间，故由某泰医疗器械公司承担第二次手术费及后续费用自不待言。

立法在此种情况下为最大限度保护受害者的合法权益，又赋予患者可以向医疗机构主张损害赔偿的权利。故李某翔既可以向某南市人民医院，也可以向某泰医疗器械公司主张第二次手术费等后续费用。

案例一百一十一：高铁霸座案

何某丽购买了从济南站到北京西站的高铁一等座票。上车后发现自己靠窗的座位被另一乘客刘某曦霸占。经多次交涉，刘某曦始终不动。何某丽找乘警、乘务员一起交涉，刘某曦依旧无动于衷。几番吵吵闹闹，高铁已到天津站。乘务组无奈，最终安排何某丽改座到前一节车厢某排靠窗的一等座位。

问题：从济南站到天津站的这段距离，何某丽有座没法坐的利益损失如何予以救济？

分析：何某丽有两种方式救济自己的权利。第一种方式：何某丽可以向高铁公司主张违约责任；第二种方式：何某丽可以向刘某曦主张侵权责任。

民法典第八百二十条规定，承运人应当按照有效客票记载的时间、班次和座位号运输旅客。承运人迟延运输或者有其他不能正常运输情形的，应当及时告知和提醒旅客，采取必要的安置措施，并根据旅客的要求安排改乘其他班次或者退票；由此造成旅客损失的，承运人应当承担赔偿责任，但是不可归责于承运人的除外。

第一千一百六十五条第一款规定，行为人因过错侵害他人民事权益造成损害的，应当承担侵权责任。

本案中，首先，何某丽和高铁公司之间的客运合同成立且生效。高铁公司有义务按照有效客票记载的时间、班次和座位号运输旅客何某丽，但何某丽从济南站一直站到天津站，有一等座位而不得坐。高铁公司未能履行合同义务，应向何某丽承担违约责任。

其次，何某丽对其购买的一等座位享有合法利益。该利益从济南站到天津站一直被刘某曦所侵害，致使何某丽无座位可坐。何某丽、乘警、乘务员多次与刘某曦交涉无果，显然刘某曦存在过错。故刘某曦应向何某丽承担侵权责任。

因此，何某丽既可以向高铁公司主张违约责任，又可以向刘某曦主张侵权责任。何某丽二者选其一救济受损的合法利益。

案例一百一十二：保护死者人格利益案

童某功与谢某飞均是某国有企业的职工，既是同事又是多年的邻居，但两人因儿女结亲之事未成，结怨颇深。因此，当童某功因病身故后，谢某飞到处散布“童某功因股票爆仓而自杀身亡”的谣言，导致该职工小区的居民无人不知、无人不晓。童某功的女儿童某佳向人民法院起诉，要求追究谢某飞的侵权责任。

问题：童某佳能请求谢某飞承担侵权责任吗？

分析：童某佳的主张成立，其能请求谢某飞承担侵权责任。

民法典第九百九十四条规定，死者的姓名、肖像、名誉、荣誉、隐私、遗体等受到侵害的，其配偶、子女、父母有权依法请求行为人承担民事责任；死者没有配偶、子女且父母已经死亡的，其他近亲属有权依法请求行为人承担民事责任。

第一千一百六十五条第一款规定，行为人因过错侵害他人民事权益造成损害的，应当承担侵权责任。

上述法条说明，死者的人格利益属于侵权法的保护范畴，侵权人须承担过错责任。

本案中，童某佳作为童某功的子女，如想请求加害人谢某飞承担侵权责任，须证明童某功的人格利益受到损害，谢某飞有侵害其父亲人格利益的行为，损害结果和行为之间有因果关系，谢某飞有过错。能证明前述四个要件，则童某佳的主张即能成立，谢某飞须承担侵权损害赔偿责任。

案例一百一十三：侵权人免责案

乔某枚悉心照顾其自闭症儿子孙某力长达30年之久。几乎每天晚饭后，孙某力在乔某枚的陪同下外出散步，经常遇到在小区附近碰瓷的小混混赵某六。赵某六在这一社区长大，从小就认识孙某力。明知对方异于常人，不能被触碰，赵某六却喜欢肢体上纠缠孙某力。

某日傍晚，赵某六看见孙某力，立刻伸手拉住其胳膊就跑。孙某力受刺激后，变得歇斯底里、不能自控，乔某枚见状竭力阻拦，但未能成功。最终孙某力将赵某六打得头破血流。赵某六花去医药费5000元人民币。事后，赵某六经常围堵孙某立和乔某枚，要求对方赔偿损失。

问题：赵某六的医药费能向孙某立和乔某枚主张吗？

分析：赵某六不能请求孙某立和乔某枚支付医药费。

民法典第一千一百八十八条第一款规定，无民事行为能力人、限制民事行为能力人造成他人损害的，由监护人承担侵权责任。监护人尽到监护职责的，可以减轻其侵权责任。

第一千一百七十四条规定，损害是因受害人故意造成的，行为人不承担责任。

上述法条说明，监护人的责任是无过错责任；监护人尽到责任、没有过错，也要承担部分责任。但如果出现免责事由，例如受害人的故意导致损害结果的发生，则可完全免除侵权人的责任。

本案中，自闭症患者孙某力的监护人是其母亲乔某枚。孙某力殴打赵某六时，乔某枚已竭力阻止，尽到了监护人的管理职责。而且孙某力殴打赵某六是赵某六故意拉扯所致，属于受害人故意、侵权人免责的法定情形。故侵权人孙某力可以免责，其监护人乔某枚当然亦可免责，无须承担赔偿责任。故赵某六不能向孙某立和乔某枚主张赔偿医药费，只能自担损失。

案例一百一十四：交谊舞者受损分担案

某市10月的一个清晨，雾霾严重，但某老年人交谊舞协会的晨练活动未受影响。会员们像往常一样，和自己的舞伴练习华尔兹、布鲁斯和探戈。大家翩翩起舞、跳得酣畅淋漓之时，因为能见度极低的缘故，李某志和杨某安在转圈的过程中，两人相对而行撞了个满怀。李某志身体无恙，但杨某安被撞断了一根肋骨，花去医疗费 2 万元人民币。

问题：该笔医疗费由李某志承担吗?

分析：该笔医疗费由李某志和杨某安共同分担。

民法典第一千一百八十六条规定，受害人和行为人对损害的发生都没有过错的，依照法律的规定由双方分担损失。

上述法条说明，公平责任的适用要求双方对于损害的发生都没有过错，且不属于适用无过错责任的情形。

本案中，首先，李某志和杨某安都没有过错，不适用过错责任归责原则。其次，杨某安被撞伤也不属于适用无过错责任的情形。但两人的相撞与杨某安的人身损害结果之间确有因果关系，故启动公平补偿规则更有利于平衡当事人双方的利益关系。因此，由李某志和杨某安共同分担该笔医疗费。

案例一百一十五：花盆坠落伤人案

贾某武购买了一栋三层楼的别墅。一楼由腿脚不便的奶奶居住，二楼由贾某武自住，第三层租给在本地工作的表弟薛某冲。贾某武爱好种植多肉植物，薛某冲爱好种植山茶花，故二层和三层的阳台上盆栽繁多、郁郁葱葱。某周六中午，贾某武放在二楼阳台上的多肉盆栽突然坠落，砸伤邻居何某川的右手。当天下午，薛某冲放置在三楼阳台上的山茶花也突然坠落，砸到邻居何某川的左手。

问题：何某川的人身损害由谁承担?

分析：何某川右手的损害赔偿责任由贾某武承担，何某川左手的损害赔偿责任由薛某冲承担。

民法典第一千二百五十三条规定，建筑物、构筑物或者其他设施及其搁置物、悬挂物发生脱落、坠落造成他人损害，所有人、管理人或者使用人不能证明自己没有过错的，应当承担侵权责任。所有人、管理人或者使用人赔偿后，有其他责任人的，有权向其他责任人追偿。

上述法条说明，搁置物、悬挂物脱落，坠落的责任主体应当对不动产具有控制、管理、维修义务，这一主体可能是所有人、使用人或者其他具有管理职责的人。其承担的是过错责任。该过错不是由被侵权人证明，而是由所有人、使用人或者管理人证明自己没有过错，否则需承担侵权责任。

本案中，二楼阳台上的多肉盆栽突然坠落，砸伤邻居何某川的右手。贾某武是第二层的所有人、使用人兼管理人，其不能证明自己没有过错，则应承担何某川右手的损害赔偿责任。同理，薛某冲作为承租人，是第三层的使用人兼管理人，其不能证明自己没有过错，则应承担何某川左手的损害赔偿责任。

案例一百一十六：高层阳台玻璃炸裂致损案

2022 年 3 月某日的上午，冯某祥打算开车上班时，发现其停在小区楼下地面上的轿车，被来自同小区第 5 栋第 15 层一户的阳台玻璃碎片砸中，其车辆前窗玻璃和部分车身遭到损坏，而一并“中招”的还有几辆停放在周围的家用车。冯某祥遂报警处理。

民警赶到现场后，经过勘查取证，确定为案涉小区第 5 栋第 15 层业主韩某裕家的阳台玻璃发生爆裂导致损害事故的发生。之后，冯某祥通过物业联系到了另外几位受损车辆的车主，一起找到韩某裕进行索赔。

在物业的协调沟通下，韩某裕与其他受损车辆的车主均达成了调解协议，但对冯某祥提出的维修费用，韩某裕觉得不太合理。其认为如果冯某祥将车辆停放在划定的地面车位上，损失会小很多。韩某裕和冯某祥无法在赔偿事宜上达成一致意见，韩某裕索性置之不理。因日常需要用车，冯某祥只好先将车辆送至 4S 店维修，花去维修费 2600 元人民币。

案发一个月后，冯某祥诉至人民法院，要求韩某裕和物业公司赔偿其车辆维修费、上下班交通费等各项损失共计 3500 元人民币。

问题：人民法院支持冯某祥的诉讼请求吗？

分析：人民法院支持冯某祥的部分诉讼请求。

民法典第一千二百五十三条规定，建筑物、构筑物或者其他设施及其搁置物、悬挂物发生脱落、坠落造成他人损害，所有人、管理人或者

使用人不能证明自己没有过错的，应当承担侵权责任。所有人、管理人或者使用人赔偿后，有其他责任人的，有权向其他责任人追偿。

本案中，案涉房屋所有人、使用人均为韩某裕，其应当履行对房屋安全的日常管理、维护义务。现房屋阳台玻璃爆裂，大量玻璃碎片坠落致冯某祥的车辆受损，法律直接推定韩某裕存在管理、维护不当的过错，应当承担侵权责任，除非韩某裕能证明自己不存在管理或维护的过错。

同时，物业公司作为该小区的物业服务企业，是案涉建筑物的管理人，如果未尽到警示、检查义务，也应承担相应的赔偿责任。

另外，事故发生时，冯某祥的受损车辆未停放在停车位上，其也有过错，也应对车辆损失承担一定的责任。故人民法院支持冯某祥部分的诉讼请求。

因本案事实清楚、诉讼标的额不大，如果人民法院判决，很可能会加剧邻里间的矛盾，因此承办法官认为调解该案更有利于邻里关系的修复，遂决定开展调解。经过承办法官耐心释法，三方当事人本着和睦相处的原则，达成了一致的调解方案，即由韩某裕赔偿 2500 元，物业公司赔偿 600 元，剩下的 400 元损失由冯某祥自行承担。

案例一百一十七：高空抛物案

2021 年 7 月某日，伊某宁在小区里遛弯，经过崔某莺家楼下时，崔某莺家六岁的小朋友从 22 楼阳台抛下一瓶矿泉水，水瓶刚好掉落至伊某宁身边，导致其惊吓、摔倒，随后被送往医院救治。次日，伊某宁的家属与崔某莺一起查看监控，确认了上述事实后，双方签订确认书，即矿泉水瓶是崔某莺家小朋友从阳台上扔下，同时崔某莺向伊某宁支付 1 万元人民币的赔偿款。伊某宁住院治疗一个月才出院，其后又因此事反复入院治疗，且被鉴定为六级伤残。由于崔某莺拒绝支付剩余的 5 万元治疗费，伊某宁遂向人民法院提起诉讼。

问题：人民法院支持伊某宁的诉讼请求吗？

分析：人民法院支持伊某宁的诉讼请求，由崔某莺承担后续的治疗费用。

民法典第一千二百五十四条规定，禁止从建筑物中抛掷物品。从建

筑物中抛掷物品或者从建筑物上坠落的物品造成他人损害的，由侵权人依法承担侵权责任；经调查难以确定具体侵权人的，除能够证明自己不是侵权人的外，由可能加害的建筑物使用人给予补偿。可能加害的建筑物使用人补偿后，有权向侵权人追偿。

物业服务企业等建筑物管理人应当采取必要的安全保障措施防止前款规定情形的发生；未采取必要的安全保障措施的，应当依法承担未履行安全保障义务的侵权责任。

发生本条第一款规定的情形的，公安等机关应当依法及时调查，查清责任人。

第一千一百八十八条规定，无民事行为能力人、限制民事行为能力人造成他人损害的，由监护人承担侵权责任。监护人尽到监护职责的，可以减轻其侵权责任。

有财产的无民事行为能力人、限制民事行为能力人造成他人损害的，从本人财产中支付赔偿费用；不足部分，由监护人赔偿。

上述法条说明，民法典明确禁止从建筑物中抛掷物品，进一步完善了高空抛物的治理规则，即强化高空抛物、坠物行为的预防和惩治，切实维护民众“头顶上的安全”，从而更好地保障居民的合法权益。

本案中，伊某宁遛弯时被从高空抛下的矿泉水瓶惊吓到，从而导致摔倒受伤，经监控录像显示，矿泉水瓶是小朋友从崔某莺家阳台抛下，且伊某宁的家属、崔某莺签订了确认书。据此，侵权行为、损害结果、因果关系、行为人有过错都能被证明无误。因侵权人是六岁的无民事行为能力人，其造成他人损害的，由其监护人崔某莺承担侵权损害赔偿责任，即崔某莺应继续承担剩余的 5 万元治疗费。

案例一百一十八：无法查明真正侵权人的高空抛物案

某周日凌晨 3 点，鑫源小区的业主罗某彤因为失眠而心情不佳，遂下楼坐在第 3 栋楼下的小区长椅上透气。突然，不知道从楼上哪家的窗户口扔出一副无线键盘，正好砸中罗某彤的头部致其脑震荡，花去人民币 3 万元的医疗费。经技术鉴定，第 2 层以上的 65 户业主均有可能扔出无线键盘，但到底是谁扔的无法查明。后有 5 户业主证明当天晚上没有一个人在家，可被排除在赔偿主体之外。

问题：罗某彤的人身损害赔偿，花去的 3 万元医疗费由谁承担？

分析：由所有可能加害的第 3 栋第 2 层以上的 60 户业主平均分摊该笔医疗费。

民法典第一千二百五十四条规定，禁止从建筑物中抛掷物品。从建筑物中抛掷物品或者从建筑物上坠落的物品造成他人损害的，由侵权人依法承担侵权责任；经调查难以确定具体侵权人的，除能够证明自己不是侵权人的外，由可能加害的建筑物使用人给予补偿。可能加害的建筑物使用人补偿后，有权向侵权人追偿。

物业服务企业等建筑物管理人应当采取必要的安全保障措施防止前款规定情形的发生；未采取必要的安全保障措施的，应当依法承担未履行安全保障义务的侵权责任。

上述法条说明，高空抛掷物造成他人损害的，由侵权人承担责任。无法查明加害人时，由可能加害的建筑物使用人承担补偿责任。如果之后找到了真正的加害人，已承担补偿责任的主体可以向其追偿。

本案中，无法查明是谁扔出的无线键盘，则由可能加害的且当天晚上在家的业主，即 60 户分摊损失，对罗某彤遭受的损失予以补偿。事后，如果物业公司或公安机关能查清真正的加害人，则已经承担补偿责任的业主可向其追偿。

案例一百一十九：施工单位担责案

某安市理工大学与天某地工程有限公司签订建设工程合同，计划在大学校园内建造一座工艺设计展览馆。施工过程中天某地工程公司未对展览馆以及周边的建设工地进行安全合围，也没有醒目的警示牌。某周五傍晚，学生张某一从图书馆回寝室的途中，路经施工现场附近，被从高处落下的一段钢筋砸到左脚，造成脚后跟粉碎性骨折，总计花去医疗费、护理费、交通费、营养费共计人民币 6 万元。

问题：张某一应向谁主张 6 万元的人身损害赔偿责任？

分析：天某地工程有限公司应向张某一承担人身损害赔偿责任。

民法典第一千二百五十八条规定，在公共场所或者道路上挖掘、修缮安装地下设施等造成他人损害，施工人不能证明已经设置明显标志和采取安全措施的，应当承担侵权责任。

窨井等地下设施造成他人损害，管理人不能证明尽到管理职责的，应当承担侵权责任。

上述法条说明，地面施工单位的工作可能危及行人出行等社会公共安全时，其须尽到法定的警示义务、安保义务；否则，发生损害后果后，法律直接推定地面施工单位有过错，须承担侵权责任。

本案中，天某地工程有限公司在校内建造一座工艺设计展览馆，校园内人员繁杂，其应当设置屏障，将建设工程施工地与行人隔开。但该公司没有将工地安全合围，也没有设置醒目的警示牌。根据此番不作为，以及学生张某一受到的损害本身，可推定该公司主观上存在过错，而且确实是工地上的钢筋砸伤了学生张某一，该侵权行为与损害结果之间有因果关系。故天某地工程有限公司应向张某一承担 6 万元的人身损害赔偿责任。

案例一百二十：劳务派遣侵权案

某淘是国际跨境电商交易博览会上最有活力的企业，故展会结束后，主办方特别安排萌某客有限公司为大客户某淘处理撤展事宜。萌某客有限公司马上联系某通劳务公司派遣 20 名搬运工过去搬家。有一位名叫田某壮的搬运工性格执拗，在撤展过程中常与某淘的职员发生争执。萌某客有限公司致电某通劳务公司要求更换田某壮，某通劳务公司认为田某壮虽性格古怪但力大如牛，遂拒绝萌某客有限公司换人之要求。

当天下午，田某壮在挪动某淘的人工智能展示台时与某淘的职员又发生了口角。田某壮伺机报复，在搬运中故意松手，导致展示台受损，须维修才能恢复正常工作。该维修费预估为 3 万元人民币。

问题：某淘应向谁主张该 3 万元的财产损失？

分析：某淘应向萌某客有限公司和某通劳务公司主张财产损失：萌某客有限公司承担侵权责任，某通劳务公司承担与其过错相当的赔偿责任。

民法典第一千一百九十一条第二款规定，劳务派遣期间，被派遣的

工作人员因执行工作任务造成他人损害的，由接受劳务派遣的用工单位承担侵权责任；劳务派遣单位有过错的，承担相应的责任。

上述法条说明，劳务派遣方承担的是过错责任，而用工单位承担的是无过错责任。

本案中，用工单位是萌某客有限公司，劳务派遣方是某通劳务公司。萌某客有限公司已向某通劳务公司投诉田某壮性格偏执，要求更换一名搬运工，但遭到某通劳务公司的拒绝。这说明某通劳务公司有过错，应承担相应的赔偿责任。故萌某客有限公司作为用工单位应向某淘承担财产受损之无过错侵权责任，某通劳务公司承担与其过错相当的赔偿责任。

案例一百二十一：机动车撞伤行人案

李某宜于2022年初置换了新车“哈睿”，为其投保某洋保险公司，交强险最高赔付额度是20万元人民币。

国庆放假的最后一天，李某宜带着一家人从川西自驾游归来。其以正常速度驾驶“哈睿”返回城区。途中，突遇行人王某博在非人行道区域横穿马路，李某宜紧急刹车，但仍将王某博撞伤。李某宜赶紧把王某博送去医院。王某博住院一个月，共计花费医疗费30万元人民币。

问题：30万元的医疗费应由哪几方来承担？

分析：某洋保险公司、李某宜和王某博一起承担该笔医疗费。

民法典第一千二百零八条规定，机动车发生交通事故造成损害的，依照道路交通安全法律和本法的有关规定承担赔偿责任。

《中华人民共和国道路交通安全法》第七十六条规定，机动车发生交通事故造成人身伤亡、财产损失的，由保险公司在机动车第三者责任强制保险责任限额范围内予以赔偿；不足的部分，按照下列规定承担赔偿责任：

（一）机动车之间发生交通事故的，由有过错的一方承担赔偿责任；双方都有过错的，按照各自过错的比例分担责任。

（二）机动车与非机动车驾驶人、行人之间发生交通事故，非机动车驾驶人、行人没有过错的，由机动车一方承担赔偿责任；有证据证明

非机动车驾驶人、行人有过错的，根据过错程度适当减轻机动车一方的赔偿责任；机动车一方没有过错的，承担不超过百分之十的赔偿责任。

交通事故的损失是由非机动车驾驶人、行人故意碰撞机动车造成的，机动车一方不承担赔偿责任。

上述法条说明，机动车与非机动车驾驶人、行人之间发生交通事故的，适用无过错责任，即由机动车一方承担赔偿责任。非机动车驾驶人、行人有过错的，可适当减轻机动车的赔偿责任，但绝不免去机动车一方的责任。

本案中，李某宜和王某博属于机动车与行人之间发生交通事故的情形，故李某宜承担无过错责任。李某宜的轿车已投保，故由某洋保险公司在机动车第三者责任强制保险责任限额内向王某博支付 20 万元的保险金。

由于受害人王某博横穿马路、未走人行道，其有过错，应适当减轻李某宜的赔偿责任，则剩下的 10 万元无须由李某宜一人承担。李某宜没有过错，则其承担不超过百分之十的赔偿责任。故李某宜可能承担 1 万元，王某博承担 9 万元。因此，30 万元的医疗费在某洋保险公司、侵权人李某宜和被侵权人王某博之间进行分摊。

案例一百二十二：机动车相撞案

2022 年端午节期间，某门市的高速公路上发生了一起因“路怒”引发的事件。一辆宝骏与一辆宝马在高速公路上互不相让、交替超车。在进入匝道路段，仍不减速，遂两车相撞。宝马车有多处擦痕，车内人员有轻微脑震荡；然而宝骏车却撞上了匝道旁的水泥墙，车身右边的整个侧面凹陷进去，且割伤了副驾驶座位上乘客的大腿。车辆维修费加医疗费总计 12 万元人民币。经查，宝马车主王某明酒后无证驾驶且超速 30%以上，宝骏车主许某藻超速 50%以上。

问题：许某藻的 12 万元损失全部由王某明承担吗？

分析：王某明承担大部分而不是全部责任。

民法典第一千一百七十三条规定，被侵权人对同一损害的发生或者扩大有过错的，可以减轻侵权人的责任。

《中华人民共和国道路交通安全法》第七十六条规定，机动车发生

交通事故造成人身伤亡、财产损失的，由保险公司在机动车第三者责任强制保险责任限额范围内予以赔偿；不足的部分，按照下列规定承担赔偿责任：

（一）机动车之间发生交通事故的，由有过错的一方承担赔偿责任；双方都有过错的，按照各自过错的比例分担责任。

（二）机动车与非机动车驾驶人、行人之间发生交通事故，非机动车驾驶人、行人没有过错的，由机动车一方承担赔偿责任；有证据证明非机动车驾驶人、行人有过错的，根据过错程度适当减轻机动车一方的赔偿责任；机动车一方没有过错的，承担不超过百分之十的赔偿责任。

交通事故的损失是由非机动车驾驶人、行人故意碰撞机动车造成的，机动车一方不承担赔偿责任。

上述法条说明，机动车之间发生交通事故的，适用过错责任原则。一方有过错，由其担责；双方均有过错，按照各自过错比例分担责任，即适用过失相抵规则，减轻侵权人的赔偿责任。

本案中，王某明和许某藻都是轿车驾驶人，符合机动车之间发生交通事故的情形。许某藻超速50%以上，存在过错。王某明酒后无证驾驶且超速30%以上，显然过错更大。因许某藻存在过错，则可以适用过失相抵规则，减轻主要责任人王某明的侵权责任。故由王某明承担12万元中的大部分责任，最后经责任判定由王某明承担9万元，许某藻承担3万元。

案例一百二十三：宠物侵权案

王某强、李某莉两家是联排别墅的邻居，两家小院只有一墙之隔，院墙高约两米。一天中午，王某强夫妇在客厅开视频会议，五岁的儿子王某柏在自家院里玩沙土。不巧李某莉家的一只边牧犬越过院墙，咬伤了王某柏的左胳膊，王某强为此花费医药费1万元人民币。事后，王某强找李某莉索要1万元的医药费，但李某莉认为此乃意外事件，自己至多补偿2000元。多次协商无果后，王某强以王某柏的名义提起诉讼，要求李某莉承担侵权损害赔偿责任。

问题：王某柏向邻居李某莉主张侵权损害赔偿能得到人民法院的支持吗？

分析：人民法院支持王某柏的主张，李某莉应支付 1 万元的医药费。

民法典第一千二百四十五条规定，饲养的动物造成他人损害的，动物饲养人或者管理人应当承担侵权责任；但是，能够证明损害是因被侵权人故意或者重大过失造成的，可以不承担或者减轻责任。

上述法条说明，饲养人对其饲养的动物侵权造成的损害承担无过错责任，除非被侵权人存在故意或重大过失。

本案中，李某莉认为双方对于损害的发生皆无过错，主张适用公平责任规则补偿 2000 元。但该案是饲养动物侵权，属于法定的无过错责任原则的适用范畴。饲养人李某莉对于饲养动物侵权承担的是无过错责任；此案也不存在免责事由，因为被侵权人王某柏独自在自家院里玩沙土，属于正常的生活行为。其没有挑逗狗，根本不存在一般过失，更不存在故意或重大过失，故应由李某莉承担全部责任，即支付 1 万元的医药费。

案例一百二十四：宠物咬伤幼童案

近年来，某市政府对养狗作出了详细规定，其中包括“在公共场合遛狗必须牵狗绳”。一天，某业主窦某毅牵着宠物狗在小区里溜达，后遇到另一狗主人也在遛狗。两只狗相见甚欢，在花坛里打闹。窦某毅见状，认为对方一人足以看住两条狗，遂解下狗绳，去菜鸟驿站拿快递。取完快递，窦某毅回来寻狗时，发现杨奶奶正陪着四岁的贝某瑞拿着香肠喂自家的宠物狗，可自家的宠物狗吃完了香肠，还咬伤了贝某瑞的右手。

问题：贝某瑞的人身损害赔偿责任由谁来承担?

分析：窦某毅应向贝某瑞承担人身损害赔偿责任。

民法典第一千二百四十六条规定，违反管理规定，未对动物采取安全措施造成他人损害的，动物饲养人或者管理人应当承担侵权责任；但是，能够证明损害是因被侵权人故意造成的，可以减轻责任。

本案中，窦某毅违反管理规定，遛狗时没有时刻牵住狗绳，造成贝某瑞的右手被咬伤。贝某瑞只有四岁，在大人的陪同下拿香肠喂狗，其是出于善意而绝非故意挑逗。故窦某毅应承担全部损害赔偿责任，无权要求减轻责任。

案例一百二十五：野生动物园中的东北虎伤人案

春节期间，陈某甜与家人到某峰野生动物园自驾游玩。入园前，陈某甜一家与动物园签署了“游客中途绝不得下车”等具有安全告知内容的协议书。同时园区内到处贴满了“禁止下车”等告示，动物园中的保安人员开着巡逻车，并配备高音喇叭，随时提醒游客不得中途下车。

途经东北虎园区时，陈某甜与丈夫发生争执，猛然下车，绕过车头，拉开驾驶座车门时，被一只从林中窜出的东北虎拖走咬伤。

问题： 陈某甜能向某峰野生动物园主张人身损害赔偿责任吗？

分析： 不能，某峰野生动物园没有过错，不承担人身损害赔偿责任。

民法典第一千二百四十八条规定，动物园的动物造成他人损害的，动物园应当承担侵权责任；但是，能够证明尽到管理职责的，不承担侵权责任。

上述法条说明，在动物园的动物侵权纠纷中，由动物园举证证明自己没有过错，如果证明不了，则推定动物园有过错，须承担侵权责任。

本案中，某峰野生动物园事先与陈某甜一家签署了含有安全须知的协议书，园区内到处张贴着“禁止下车”的告示，而且还有巡逻车上的高音喇叭时刻提醒着游客。上述积极作为的安全措施，均说明某峰野生动物园尽到了管理职责，没有过错，故无须承担陈某甜所主张的人身损害赔偿责任。

案例一百二十六：文体活动的自愿参与者担责案

宋某晓和周某盛都是羽毛球业余爱好者，经常在一个俱乐部打球。2021年4月28日上午，宋某晓、周某盛与其他两人在北京市某露天羽毛球场地进行羽毛球双打比赛。比赛中，宋某晓站在发球线位置接对方网前球时，将球回挑到周某盛的中场，周某盛迅速杀球进攻，宋某晓直立举拍防守未果，被羽毛球击中右眼。事发后，宋某晓被送至北京大学人民医院就诊治疗，术后5周后，验光提示右眼最佳矫正视力为0.05。宋某晓遂诉至人民法院，要求周某盛赔偿医疗费、护理费、营养费等各项费用。

问题：人民法院支持宋某晓的诉讼请求吗？

分析：人民法院不支持，驳回宋某晓的诉讼请求。

民法典第一千一百七十六条第一款规定，自愿参加具有一定风险的文体活动，因其他参加者的行为受到损害的，受害人不得请求其他参加者承担侵权责任；但是，其他参加者对损害的发生有故意或者重大过失的除外。

第一千一百八十六条规定，受害人和行为人对损害的发生都没有过错的，依照法律的规定由双方分担损失。

上述法条说明，竞技体育运动不同于一般的生活领域，其主要目的是竞技争胜。此类运动具有激烈对抗性、较高人身危险性的特点。参与者均处于潜在的危险中，既是潜在危险的制造者，也是潜在危险的承担者；而且法律一般视参与者已达成了默示免责的一致。

民法典明确规定了“自甘冒险”的规则，即文体活动的参加者须对自己的行为负责。尽管损害之发生由其他文体活动的参加者所致，但只要其无故意、无重大过失，则无须承担赔偿责任。

本案中，宋某晓作为羽毛球运动的爱好者，对于自身和其他参赛者的能力，以及此项运动的危险和可能造成的损害，应当有所认知和预见，而宋某晓仍自愿参加比赛，将自身置于潜在危险之中，属于自甘冒险的行为。

周某盛杀球进攻的行为是该类运动的正常技术动作，其并不存在明显违反比赛规则的情形，不应认定其存在重大过失或故意。故周某盛无须承担侵权损害赔偿责任。

现行法律未就本案所涉情形适用公平责任原则予以规定，则宋某晓无权要求周某盛分担损失。故人民法院判决驳回宋某晓的诉讼请求。

案例一百二十七：群众活动的组织者免责案

2022年1月的一天，杨女士在舞龙微信群中发布消息，组织群中部分人员参与第二天的表演排练。次日，大家如约到达活动场地排练，张先生是成员之一。练习完后张先生突然倒地，陷入昏迷，周边群众见状连忙施救并拨打急救电话，后杨女士随救护车陪同张先生前往医院，最终张先生经抢救无效死亡，死因为心源性猝死。

事发两个月后，张先生的家属认为，杨女士作为舞龙活动的组织者对张先生的死亡负有责任，遂向人民法院提起诉讼，要求杨女士支付赔偿金等费用共计60余万元人民币。

问题： 人民法院支持张先生家属的诉讼请求吗？

分析： 人民法院不支持其诉讼请求。

民法典第一千一百七十六条规定，自愿参加具有一定风险的文体活动，因其他参加者的行为受到损害的，受害人不得请求其他参加者承担侵权责任；但是，其他参加者对损害的发生有故意或者重大过失的除外。

上述法条说明，法律须在受害人的权益保护和社会成员的行为自由之间予以平衡，不能为了实现对受害人的权益保护而过分扩大社会成员的责任承担，否则将会导致社会成员因惧怕随时可能从天而降的侵权责任而减少正常的社交活动，进而导致社会活动减缓甚至停滞，最终影响社会的发展与进步。

本案中，张先生是成年人，具有完全民事行为能力，其明知自愿参加的活动具有一定的风险而自甘冒险。在发生意外后，其他活动参与者应当依法免责，除非其他参加者对损害的发生具有故意或者重大过失。

张先生系心源性猝死，属自身疾病导致的死亡，杨女士作为舞龙活动的组织者，正常组织群众性文体活动，这种行为和团体在日常生活中普遍存在。作为群主，杨女士通过微信群召集群内人员在自愿的基础上参加表演排练，并非营利性的商业活动。同时，杨女士在张先生晕倒后，和周围群众共同采取了合理的施救行为。故杨女士对张先生的死亡结果并不存在故意或重大过失，无须对张先生的死亡承担侵权责任。因此，人民法院不支持张先生家属的诉讼请求。

案例一百二十八："驴友"自陷风险案

2022年5月1日，卓某帆进入某溪森林公园游览，游览过程中独自一人偏离景区设定的游览行走步道。其因迷路跨越景区外多个山头，在天黑时坠落受伤。其间，卓某帆曾打电话报警，后因手机没电关机失联。

接到报警后，某溪森林公园旅游开发有限公司、派出所、民间紧急救援协会等相关部门立即组织200多人次在森林公园附近进行大面积的搜寻，经过四天的努力终于找到卓某帆。救援人员立即将卓某帆抬下山并送往医院治疗。

事后卓某帆要求某溪森林公园旅游开发有限公司及某保险公司赔偿医疗费、残疾赔偿金、误工费、护理费、营养费等损失共计20万元人民币。但某溪森林公园旅游开发有限公司认为森林公园作为一个成熟、规范的景区，已经按照相关要求设置相应的隔离指示标识，树立了醒目的警示牌，已尽到安全保障义务，无须对卓某帆的损害担责。双方协商无果，卓某帆遂于7月1日诉至人民法院，要求某溪森林公园旅游开发有限公司赔偿20万元人民币。

问题：人民法院支持卓某帆的诉讼请求吗?

分析：人民法院不支持卓某帆的诉讼请求，某溪森林公园旅游开发有限公司对卓某帆的人身损害结果无须承担赔偿责任。

民法典第一千一百九十八条规定，宾馆、商场、银行、车站、机场、体育场馆、娱乐场所等经营场所、公共场所的经营者、管理者或者群众性活动的组织者，未尽到安全保障义务，造成他人损害的，应当承担侵权责任。

因第三人的行为造成他人损害的，由第三人承担侵权责任；经营者、管理者或者组织者未尽到安全保障义务的，承担相应的补充责任。经营者、管理者或者组织者承担补充责任后，可以向第三人追偿。

本案中，某溪森林公园旅游开发有限公司在门票中标明了游览线路，在景区内多处树立了警示标志和景区游览图，其已经履行了对旅游者的告知、警示义务。且卓某帆报警后，该旅游公司当即组织各方资源对卓某帆进行了四天的大规模搜救，并将搜寻到的卓某帆及时送往医院救治。故可以认定景区管理者已尽到了相应的安全保障义务。

卓某帆作为一名完全民事行为能力人，是自身安全的第一责任人，其在进入景区游览时，应当注意阅览游客须知和游线导示图，更应预见到擅自偏离游览线路走，会对自己的人身安全造成危害。卓某帆受到的损害是其擅自走出游览步道、跨越景区游览范围直接所致，其对自己损害的发生具有认知上的重大过错，属于明知自己的行为有风险，而自愿去冒风险的情形。因此，卓某帆应对自己的损害结果承担全部责任。

故人民法院不支持卓某帆的诉讼请求，某溪森林公园旅游开发有限公司对卓某帆的人身损害结果无须承担赔偿责任。

这一案例说明，宾馆、商场、银行、车站、机场、体育场馆、娱乐场所等经营场所、公共场所的经营者、管理者固然要承担安全保障义务，但这一义务并非没有边界。社会成员在公共场所活动时，应有基本的规则意识。如果社会成员甘愿自担风险，则自负其责。公共场所的经营者只要履行了应尽的安全保障义务，就不再为他人的过错担责。

上述案例及分析给我们的启示是，新奇、刺激的户外探险虽方兴未艾，但“驴友”们违反景区、自然保护区规定闯入禁区，属于自陷风险的行为，已超出景区的经营者预见、控制、避免、承担风险的范围。无视规则的成年人自愿冒险，则须为自己的冒险承担不利后果。

案例一百二十九：化工厂侵权案

袁某霞承包良田百亩、种植改良型棉花已有五年之久，临近的某盛化工厂排放的污水流入她所承包的农田，导致当年袁某霞的棉花产量骤减。袁某霞起诉某盛化工厂，要求该化工厂承担污染赔偿责任。

问题：袁某霞的证明责任是什么？

分析：袁某霞需要举证证明两个事实：一是自己受到损害，即棉花骤减的具体产量；二是某盛化工厂实施了侵权行为，即该厂排放的污水流入到她承包的良田里。

民法典第一千二百二十九条规定，因污染环境、破坏生态造成他人损害的，侵权人应当承担侵权责任。

第一千二百三十条规定，因污染环境、破坏生态发生纠纷，行为人应当就法律规定的不承担责任或者减轻责任的情形及其行为与损害之间不存在因果关系承担举证责任。

上述法条说明污染者或破坏者承担的是无过错责任。只要因其行为造成了损失，不论过错与否，都须承担赔偿责任。而且侵权行为和损害结果之间的因果关系发生举证责任倒置，即受害者无须证明因果关系，而是由污染者或破坏者举证证明其行为和损害结果之间没有因果关系，才能不承担或者减轻赔偿责任。

本案中，袁某霞的合法权益因某盛化工厂的排污行为而遭受损失，是环境污染案件中私权利主体主张民事赔偿之典型。袁某霞只须举证自己受有损害、某盛化工厂有排污行为即可。法定的免责事由和因果关系由某盛化工厂举证。如果不能证明有免责事由，或排污行为和损害结果之间不存在因果关系，则某盛化工厂须承担赔偿责任。这有利于实现社会的公平正义和经济、生态的可持续健康发展。

案例一百三十：生态环境侵权纠纷案

某化工集团有限公司生产部经理吴某民，将公司生产的硫酸钠废液交由无危险废物处置资质的吴某良处理，吴某良又雇请李某贤将30车共计1124.1吨硫酸钠废液运送到浮梁县寿安镇八角井、浮梁县湘湖镇洞口村的山上倾倒，造成了浮梁县寿安镇八角井周边约8.08亩范围内的环境和浮梁县湘湖镇洞口村洞口组、江村组的地表水、地下水受到污染，影响了浮梁县湘湖镇洞口村约6.6平方千米流域的环境，妨碍了当地1000余名居民的饮用水安全。

经鉴定，两处受污染地块的生态环境修复总费用为人民币2 168 000元，环境功能性损失费用共计人民币57 135.45元，并产生检测鉴定费95 670元。受污染地浮梁县湘湖镇洞口村采取合理预防、处置措施产生的应急处置费用共计人民币528 160.11元。其中，吴某民、吴某良、李某贤等因犯污染环境罪已被另案判处有期徒刑。公益诉讼起诉人起诉至人民法院，请求被告某化工集团有限公司承担相关生态环境损害的赔偿责任。

问题：被告某化工集团有限公司应承担哪些费用？

分析：被告应承担生态环境修复费、环境功能性损失费、检测鉴定费、应急处置费以及环境污染惩罚性赔偿费用。

民法典第一千二百三十二条规定，侵权人违反法律规定故意污染环境、破坏生态造成严重后果的，被侵权人有权请求相应的惩罚性赔偿。

第一千二百三十四条规定，违反国家规定造成生态环境损害，生态环境能够修复的，国家规定的机关或者法律规定的组织有权请求侵权人

在合理期限内承担修复责任。侵权人在期限内未修复的，国家规定的机关或者法律规定的组织可以自行或者委托他人进行修复，所需费用由侵权人负担。

第一千二百三十五条规定，违反国家规定造成生态环境损害的，国家规定的机关或者法律规定的组织有权请求侵权人赔偿下列损失和费用：

（一）生态环境受到损害至修复完成期间服务功能丧失导致的损失；

（二）生态环境功能永久性损害造成的损失；

（三）生态环境损害调查、鉴定评估等费用；

（四）清除污染、修复生态环境费用；

（五）防止损害的发生和扩大所支出的合理费用。

上述法条说明，民法典新增规定了污染环境和破坏生态的惩罚性赔偿制度，贯彻了“绿水青山就是金山银山”的环保理念，增强了生态环境保护力度，是构建天蓝地绿水净的美好家园的法治保障。惩罚性赔偿数额采取“基数＋倍数”的计算方式，即结合具体案情决定以环境功能性损失费用为计算基数，综合考虑侵权人主观过错程度、侵权后果的严重程度和侵权人的经济能力、赔偿态度、受到行政处罚的情况等调节因素确定倍数，进而确定最终的惩罚性赔偿数额。

本案中，被告某化工集团有限公司将生产废液交由无危险废物处置资质的个人处理，放任污染环境危害结果的发生，主观上存在故意，客观上实施了违法行为，损害了社会公共利益，造成严重后果；且至本案审理期间，涉案倾倒废液行为所致的环境污染并未得到修复，损害后果仍在持续，符合环境侵权惩罚性赔偿的适用条件。

综合该公司的过错程度、赔偿态度、损害后果、承担责任的经济能力、受到的行政处罚等因素，判令其赔偿环境修复费用 2 168 000 元、环境功能性损失费用 57 135.45 元、应急处置费用 528 160.11 元、检测鉴定费 95 670 元，并承担环境污染惩罚性赔偿 171 406.35 元，也就是环境功能性损失费用 57 135.45 元的三倍，以上共计 300 余万元人民币。被告公司还要对违法倾倒硫酸钠废液污染环境的行为在国家级新闻媒体上向社会公众赔礼道歉。

案例一百三十一：知识产权侵权纠纷案

某兴种业科技有限公司为水稻新品种“金粳 616”的独占实施被许可人。某农业产业发展有限公司在不具有种子生产经营许可证的情况下，未经许可在微信群内发布“农业产业链信息匹配”，寻找潜在交易者，并收取会员费后提供种子交易信息，与买家商定交易价格、数量、交货时间后安排送交无标识、标签的白皮袋，或者包装标注为“其他商品粮”的“金粳 616”种子。某兴种业科技有限公司诉至人民法院，请求判令某农业产业发展有限公司停止侵权，并赔偿经济损失 300 万元人民币。

问题：人民法院支持某兴种业科技有限公司的诉讼请求吗？

分析：人民法院支持原告的诉讼请求，某农业产业发展有限公司应停止侵权，并赔偿损失。

民法典第一千一百八十五条规定，故意侵害他人知识产权，情节严重的，被侵权人有权请求相应的惩罚性赔偿。

上述法条说明，民法典新增规定了知识产权侵权惩罚性赔偿制度，为各类知识产权纠纷适用惩罚性赔偿提供了一般规则，对于建设知识产权强国、保障经济社会高质量发展具有重要作用。

依本条规定，知识产权侵权中适用惩罚性赔偿，须符合以下条件：第一，须故意侵害他人知识产权。“过失”侵权行为不能适用本条。第二，须情节严重。明确情节严重这一要件有利于防止惩罚性赔偿的惩罚过度或制度滥用，也为后续的惩罚性赔偿规则细化预留了空间。

本案中，某农业产业发展有限公司是被诉侵权种子的交易组织者、决策者，其行为构成销售侵权。由于侵权人拒不提供交易记录、相关账簿，故审理法院参考其宣传资料，综合考虑侵权情节，推定侵权获利达到 100 万元以上，并以此为基数计算惩罚性赔偿数额。

某农业产业发展有限公司明知，未经许可销售授权品种繁殖材料具有侵权性质；在实际销售中，该公司所销售的被诉侵权种子部分包装未标注任何信息，部分包装标注为“其他商品粮”，其试图创造虚假事实掩盖侵权行为、逃避责任追究的意图十分明显，应认定该公司具有侵权恶意。其在未取得种子生产经营许可证的情况下生产经营种子，可以认定为侵权行为情节严重。因此，审理法院依法适用惩罚性赔偿，按照基数的二倍确定惩罚性赔偿数额。故该公司应向某兴种业科技有限公司承担 300 万元的赔偿责任。

侵权责任编理论知识概述

一、完善侵权预防与救济规则

（一）明确侵害特定物的精神损害赔偿责任

具有人身意义的特定物，一般指与近亲属死者、结婚礼仪等相关的具有人格象征意义的特定纪念物品。物品本身的价值不大，但因侵权行为而永久性灭失或毁损，致使特定物之所有人遭受精神损害，造成严重后果。如果仅赔偿物品的实际损失，难以弥补被侵权人精神上的重创。故民法典侵权责任编第一千一百八十三条第二款规定，因故意或者重大过失侵害自然人具有人身意义的特定物造成严重精神损害的，被侵权人有权请求精神损害赔偿。

（二）明确缺陷产品的补救措施和费用负担

民法典第一千二百零六条在缺陷产品投入流通后的补救措施中，增加了“停止销售”，这有利于及时制止损害结果的扩大。同时，明确被侵权人因相关产品被召回支出的必要费用由生产者、销售者负担，可以更好地保护被侵权人的正当权益。

（三）加强对患者知情同意权、个人信息利益的保护

以往普遍适用的知情同意书制度，都是医院事先打印好知情同意书，家属只需要在签名处签字即可，这种告知往往流于形式，容易引发医疗纠纷。民法典第一千二百一十九条将“书面同意”修改为“明确同意”。“明确同意”是指患者或其家属明确表示对整个治疗内容的了解并且同意。这实际上对医疗机构提出了更高的要求，促使医生在告知过程中更加耐心、客观，以取得患者实质性的同意，以尊重患者的自主决定权。

第一千二百一十九条的修改使告知不再限定书面形式，医务人员可以根据实际情况采取口头、录音、录像等多种方式。只要取得了患方的明确同意，即符合法律规定。与此同时，第一千二百二十六条将个人信息纳入保密范围，拓宽了医疗机构及其医务人员的保密义务范围，从而更深入地保护患者的合法权益。

（四）规定生态环境损害惩罚性赔偿、修复责任和公益诉讼制度

为切实有效促进生态文明建设，警示全社会，避免发生污染环境、破

坏生态的违法行为，不断提升人民群众的获得感、安全感和幸福感，全面增进人民群众的福祉，民法典侵权责任编完善了生态环境损害责任制度。一是将故意污染环境、造成严重后果纳入惩罚性赔偿的范围，以充分救济受害人，惩罚恶意侵权人。二是与《中华人民共和国环境保护法》相衔接，依据"谁污染谁治理""谁污染谁赔偿"的原则，明确生态环境损害的修复和赔偿制度。三是从五个方面，即第一千二百三十五条明确规定了生态环境损害赔偿的范围。

（五）完善不明抛掷物、坠落物的损害责任

民法典第一千二百五十四条细化了高空抛物致人损害的规则：禁止从建筑物中抛掷物品；高空抛物致人损害，由侵权人承担侵权责任；物业服务企业等建筑物管理人有采取安全保障措施的义务；损害发生后，公安机关有及时调查的义务；经调查难以确定具体侵权人的，由可能加害的建筑物使用人给予补偿；可能加害的建筑物使用人补偿后，有权向侵权人追偿。

上述规定区分了找得到真正侵权人和找不到真正加害人的两种情形，此时司法之天平侧重于保护无辜的受害者，即找得到真正侵权人则适用过错归责原则；找不到真正加害人则适用公平补偿规则。

为迅速锁定高空抛物致人损害的侵权人，立法进一步强化了建筑物使用人、物业服务企业和公安机关的义务，这有利于预防高空抛物事件的发生，真正守护老百姓"头顶上的安全"。

二、平衡权利救济与行动自由之间的关系

侵权责任编改变了过去单方面注重权利救济、忽视行为自由的立法思维，在保障受害人利益的同时，也赋予了社会成员更多的行动自由，以此鼓励正常人际交往和经济文旅活动的多元化，充分激发社会活力，推动社会可持续性的发展。

（一）增设免责条款

以往的民事立法规定的侵权免责事由主要是正当防卫、紧急避险、不可抗力和受害人过错，这不能充分有效地平衡受害人和行为人之间的利益关系。侵权责任编增设了两项免责事由：自甘风险和自助行为。

社会成员自愿参加具有一定风险的文体活动，属于正常的社会交往范畴，在活动中因其他参与者的正常行为而受到损害，若动辄要求其他参与

者承担赔偿责任，不仅不合理，也不利于人们正常地开展文体活动、丰富社会交往形式。因此，民法典第一千一百七十六条确立了自甘风险规则，即自愿参加具有一定风险的文体活动，因其他参与者的行为受到损害的，受害人不得请求其他参与者承担侵权责任；但是，其他参加者对损害的发生有故意或者重大过失的除外。

民事主体的合法权益遭受侵害的，公力救济是最主要的救济途径，但公力救济具有迟延性的不足，在情势紧迫而国家机关又不能及时予以救助的情况下，私力救济更能保障合法权益免受正在发生之危险的侵害。故民法典填补过往立法之缺陷，第一千一百七十七条规定了自助行为，赋予社会成员在一定条件下进行自我保护的权利，使民事权利能够得到及时、有效的救济。

（二）限制公平责任规则的适用范围

民法典第一千一百八十六条对适用公平责任原则进行了立法完善，将“依照实际情况”改为“依照法律的规定”。

所谓“实际情况”，主要由法官根据个案进行自由裁量，这导致因个体感受不同带来判断结论差异性的概率上升，从而风险的不确定性也随之上扬。人们无法预见自己行为的后果，甚至，即使采取了合理措施避免损害的发生，仍有可能承担责任，故只有通过减少甚至取消行动来降低风险、规避风险，这无疑限制了人们的行为自由，不利于当下营造公平、透明、可预期的法治营商环境。因此，第一千一百八十六条将公平责任规则限定在法定范围内，避免公平责任适用之扩大化、滥用化，肃清司法实践中的“和稀泥”现象，从而准确厘清行为人之间的权利义务关系，有力保障人民群众的行动自由。

视频资源 7

主要参考文献

1. 王利明，等. 民法典新规则解读与适用：总则编［M］. 北京：法律出版社，2023.

2. 李建伟. 民法专题讲座精讲卷［M］. 北京：人民日报出版社，2022.

3. 彭诚信. 民法典与日常生活［M］. 上海：上海人民出版社，2020.

4. 石佳友. 民法典与社会转型［M］. 北京：中国人民大学出版社，2018.

5. 马俊驹，余延满. 民法原论［M］. 4 版. 北京：法律出版社，2010.

后　记

在完成《百姓生活经典民法案例解析》这本书后，我深刻感受到民法典用慈母般的凝视关注着我们日常生活的方方面面。从出生到成年、从成家到归老，从衣食住行到生产生活，生命中每个重要的时刻这部法典都伴随着我们。

在书中，我精心选取、改编了一百三十一个鲜活案例，以期向读者展示民法典七编的重要法律制度在现实生活中的具体应用和实效结果，即民法典既保护个人权益和社会正义，又维护社会秩序和促进发展。

在编写本书的过程中，我尽量以通俗易懂的语言来解读民法典法条及相关的专业术语，以便读者感受到法典的温情。同时，我也注重对案例进行深入浅出、层次化的分析，帮助读者更全面地了解案例背后的立法宗旨和价值追求。然民法典体系之宏大、内容之复杂使我深感自己的知识和经验有限，行文中难免有疏漏和不足，还请读者谅解并指出，我将尽力改进。

最后，我要感谢武汉科技大学马克思主义学院的领导和同事给予我的支持和帮助，特别是学院党委书记唐忠义教授给予的悉心指导和宝贵建议，对我启发颇多，让我受益匪浅，在此致以衷心的感谢。

危　薇

2024 年 8 月